缠论操盘

低风险交易模式与案例解析

罗喜全 著

中国经济出版社
CHINA ECONOMIC PUBLISHING HOUSE
·北 京·

图书在版编目（CIP）数据

缠论操盘：低风险交易模式与案例解析 / 罗喜全著. -- 北京：中国经济出版社，2023.8

ISBN 978－7－5136－7379－2

Ⅰ. ①缠… Ⅱ. ①罗… Ⅲ. ①股票交易－基本知识 Ⅳ. ① F830.91

中国国家版本馆 CIP 数据核字（2023）第 125150 号

责任编辑　张　博
特约编辑　韦　伟　沈　颖
责任印制　马小宾
封面设计　任燕飞装帧设计工作室

出版发行　中国经济出版社
印 刷 者　北京富泰印刷有限责任公司
经 销 者　各地新华书店
开　　本　710mm × 1000mm　1/16
印　　张　12.75
字　　数　171 千字
版　　次　2023 年 8 月第 1 版
印　　次　2023 年 8 月第 1 次
定　　价　68.00 元
广告经营许可证　京西工商广字第 8179 号

中国经济出版社　**网址** www.economyph.com　**社址** 北京市东城区安定门外大街 58 号　**邮编** 100011
本版图书如存在印装质量问题，请与本社销售中心联系调换（联系电话：010-57512564）

序言

资本市场让人爱恨交织，它可以是天使，也可以是恶魔。

2013 年 4 月 15 日的黄金走势至今让我记忆犹新，当日黄金价格下跌 9.34%，我以 400 倍的杠杆在当时的福汇交易平台买了一手黄金空单，瞬间的暴利让我产生了可以在资本市场快速盈利的幻觉。但那次经历并没能成为我后续成功投资的开始，更多的是让我在未来体验了资本市场的残酷。

现实的交易无疑比复盘走势难得多。如今许多年过去了，在经过不断的实践和多次的市场轮回考验，当我再去思考投资交易的模式时，越来越感觉到投资其实是越简单越好。“弱水三千，只取一瓢饮”，不管是价值投资，还是技术交易，最终对我们有所帮助的不过是其中一种或几种投资理念和技术而已。

今天的资本市场已经进入以机构投资为主的所谓价值投资时代，不管是标的结构，还是投资者结构都发生了根本性的变化。在这种情况下，传统的交易技术、交易方法将不再适用或者不被需要了吗？

我认为答案是否定的。只要作为交易主体的人不变、人的心理轨迹不变，技术方法就会一直具有价值。因为技术研究的对象——市场走势，代表的正是人因为心理预期买卖股票形成的资金轨迹。

以机构投资为主的时代其实是一个更加残酷的时代，市场变成了大小机构之间的博弈。在这种情况下，信息、技术、资源成为投资机构综合竞争力的一部分。面对这种局面，投资者更需要有效地保护自己，才能在投资市场中存活下来。面对越来越复杂的市场，更有效的方法应该是化繁为简，每个投资者都拥有属于自己的“一招鲜”。

对于每个投资者或交易者而言，形成适合自己的模式和体系主要有两种方式：一是自己探索实践。这种方式所需的时间可能较长，有可能永远找不到合适的模式和方法。二是学习借鉴现成的、成熟可靠的交易模式。经过短期强化学习与实践，快速形成合适的交易模式体系。本书的推出即属于后者，希望通过展示我经过长期实践和考验的交易模式，让更多的投资者可以通过学习借鉴快速形成属于自己的交易模式。

本书分为上、下两篇。上篇力求通过内在相关联的 4 章阐述交易的逻辑和把握长线机会的方法；下篇则力求通过我的实践交易案例及大量经典长线牛股的解析，细致讲解每个交易案例的操作模式。希望读者通过两个篇章，能够基本上把握这套交易体系，再经过自身在投资市场中的不断修炼和实践，逐渐达到“抄底逃顶”的交易境界。

目录

上篇　交易模式构建

下篇 交易案例分析

第五章 交易实践案例解析说明

第六章 实盘交易案例过程分析

第七章 如何发现并持有长线牛股

第八章 如何精确进行短线交易

上篇
交易模式构建

第一章 审视价值投资获利模式

2021—2022 年，A 股市场发生大调整，大盘指数从 3700 点调整至 2800 点附近，跌幅达到 25%。覆巢之下安有完卵，泡沫破裂，个股纷纷下跌，下跌幅度超过 50% 的个股比比皆是。

涨久必跌，跌久必涨。

涨跌本是市场的正常行为和规律所在，但出乎很多投资者意料的是，在这次下跌中机构抱团重仓的“价值投资个股”也大幅度下跌，使得众多以价值投资为目的的资金纷纷被套。

这些机构抱团的白马股的中期上涨趋势被破坏，短期内进入熊市。此类个股的走势至少在很长一段时间将会延续调整的状态。对于一般投资者而言，在没有相关投资研究信息支撑的条件下，等感知到个股基本面业绩变化的时候，股价已经出现了巨大的调整，决策为时已晚。那么，该如何避开这种价值投资中的“黑天鹅”呢？

以恒瑞医药的走势复盘为例，其股价从 97.23 元跌到 27 元的过程中，有出逃的机会吗？答案是肯定的。图 1–1 中 A 处即是一个出逃的机会。如果在A处没有成功出逃，那么B处也是一个出逃的机会。但关键的问题是，如果投资者在A处的平台买入，那么当股价到B处时就已经跌去30%，此时想退出来就没那么容易了。

一切要回到介入时机，很多投资者是在半路买入或者追高买入的，介入成本相对比较高，市场稍有波动，股价就会跌到介入成本以下。这种情况下，相应操作的选择余地就很小了，而介入成本太高的主要原因是交易的时候缺少对安全边际的把握。那么，何谓投资安全边际？它到底与哪些因素有关？下面将重点分析个股安全边际与交易的关系问题。

图1-1 恒瑞医药中线调整走势

由图1-1可知，恒瑞医药股价从最高的97.23元调整到27元，股价跌去70%，在75元、80元抄底买入被套的资金不计其数，其中当然也包括不少机构投资者。类似的股票还有长春高新、凯莱英、金域医学等，其中长春高新股价从最高的521.40元跌到130.86元。

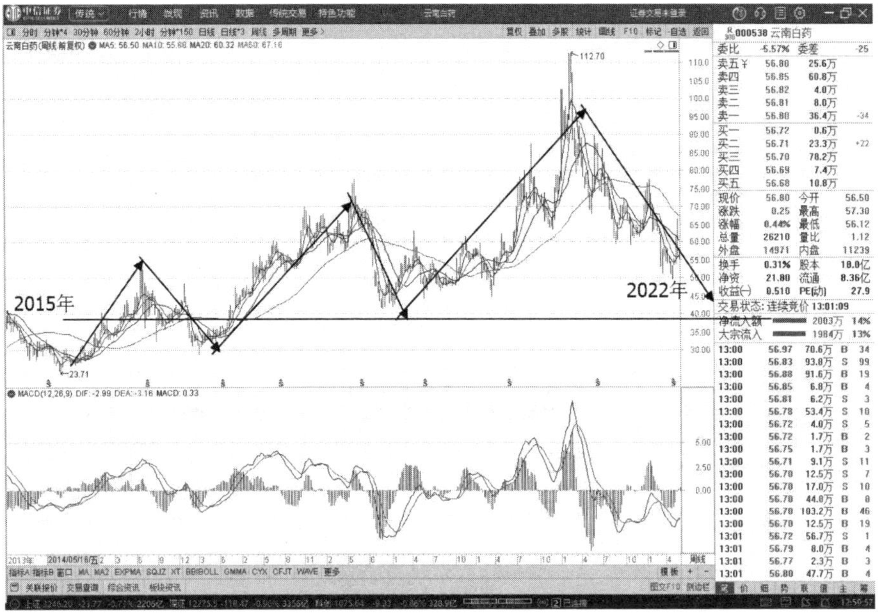

图 1-2　2015—2022 年云南白药的震荡走势

2015—2022 年云南白药的走势偶尔有周线波动，但其价格基本上处于 50~100 元（见图 1-2）。以一般的技术或者价值投资的理念去交易，赚钱效应并不明显，所以需要转换这种股票交易思路。

第二章 定义投资交易安全边际

安全边际是投资应首先考虑的问题，价值投资理论通常采用净资产收益率等指标对投资的股票进行估值。但在中国股市，基本面分析不是 100% 可靠。所以，一般投资者仅从财务研究层面并不能解决安全边际问题，更何况即便是专业投资者也经常遭遇“黑天鹅事件”。

本交易系统定义的安全边际是由战略层面和战术层面两部分组成的。战略层面是指投资中需要从长时间、全局角度解决的事项；战术层面是指从技术层面需要解决的事项。战略层面的安全边际是前提保障，战术层面的安全边际是买卖依据。

战略层面的安全边际

从战略层面看，安全边际 = 相对好的股票 + 无时间压力的资金。

（1）好股票如何选

相对好的股票是我们进行交易的前提，当然也是最重要的基础。如果股票选错了，后面的一切都是零。不同发展阶段对应的优质股票是不一样的，在某个时期，真正符合国家产业发展导向的个股，其基本面相对具有较大的保障。如 2015 年以来的新能源汽车、新能源、医药生物板块。这些板块的龙头个股通常都是相对较好的股票，比如宁德时代等。

对于一般投资者而言，选择股票的方式有很多种，对一些基金持仓个股进行追踪是其中相对容易且可靠性较强的一种。这些基金如中欧基金、富国天惠、华夏大盘精选、中银瑞信，诸如此类业绩相对较好的基金的前十大重仓股，应该就是市场中某一行业或者产业里的优质股票。

以富国天惠成长混合 A/B 基金为例（见图 2-1），其十大重仓股分别是贵州茅台、宁德时代、宁波银行、伊利股份、韦尔股份、药明康德、五粮液、立讯精密、迈瑞医疗、东方雨虹，涵盖了食品、半导体、生物医药等最具有成长价值及“护城河”相对较好的个股。所以，一般情况下仅就个股选择而言，只要我们具备一定的梳理能力，选股应该没有太大的问题。

（2）无时间压力的资金

战略安全边际的第二个方面是对资金的要求。对于进入市场的资金，必须是没有时间要求、能够长期投入市场的。也就是说，在最极端的情况下可以无限期用于持股。如果是短期的交易资金，短期内必须从市场中撤出，那很可能造成交易心态的扭曲，在实际交易的过程中，容易让交易者患得患失，特别是遇到市场调整的情况，交易者容易产生追涨杀跌的交易行为。

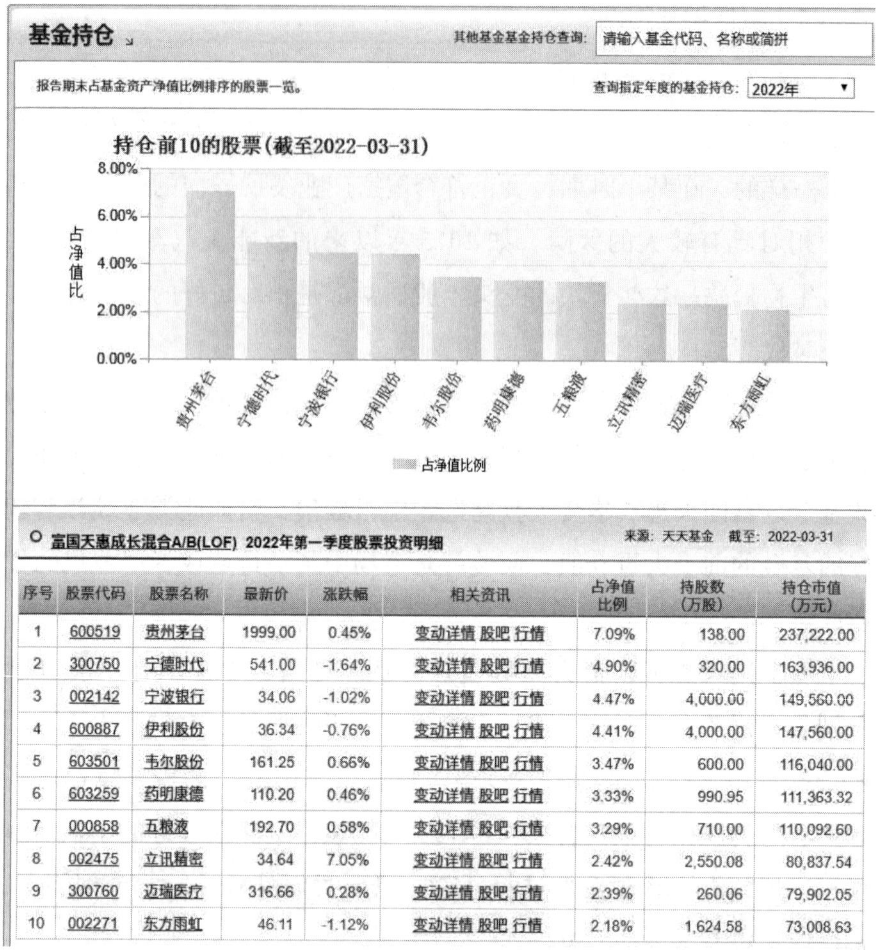

基金持仓

其他基金基金持仓查询：请输入基金代码、名称或简拼

报告期末占基金资产净值比例排序的股票一览。

查询指定年度的基金持仓：2022年

富国天惠成长混合A/B(LOF) 2022年第一季度股票投资明细

来源：天天基金 截至：2022-03-31

序号	股票代码	股票名称	最新价	涨跌幅	相关资讯	占净值比例	持股数（万股）	持仓市值（万元）
1	600519	贵州茅台	1999.00	0.45%	变动详情 股吧 行情	7.09%	138.00	237,222.00
2	300750	宁德时代	541.00	-1.64%	变动详情 股吧 行情	4.90%	320.00	163,936.00
3	002142	宁波银行	34.06	-1.02%	变动详情 股吧 行情	4.47%	4,000.00	149,560.00
4	600887	伊利股份	36.34	-0.76%	变动详情 股吧 行情	4.41%	4,000.00	147,560.00
5	603501	韦尔股份	161.25	0.66%	变动详情 股吧 行情	3.47%	600.00	116,040.00
6	603259	药明康德	110.20	0.46%	变动详情 股吧 行情	3.33%	990.95	111,363.32
7	000858	五粮液	192.70	0.58%	变动详情 股吧 行情	3.29%	710.00	110,092.60
8	002475	立讯精密	34.64	7.05%	变动详情 股吧 行情	2.42%	2,550.08	80,837.54
9	300760	迈瑞医疗	316.66	0.28%	变动详情 股吧 行情	2.39%	260.06	79,902.05
10	002271	东方雨虹	46.11	-1.12%	变动详情 股吧 行情	2.18%	1,624.58	73,008.63

图 2-1　富国天惠十大持仓个股

资料来源：http://fundf10.eastmoney.com/ccmx_161005.html.

交易者如果在周线波段高点介入，套住的时间会比较长，有些会延续一年、两年，甚至三年，这在实际交易中也比较常见。最糟糕的情况是，对于有些个股，某个时期的高点成为历史高点，买入的资金被套在历史高位。

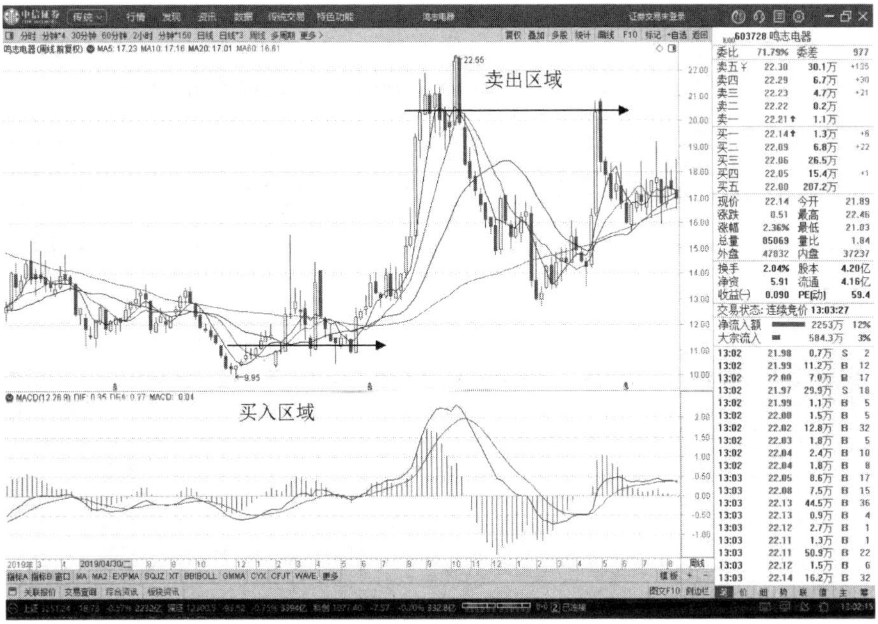

图 2-2　鸣志电器走势

以鸣志电器为例，笔者曾经在 2019 年下半年买入，直到 2021 年 5 月 7 日周线第二波反弹才将最后的筹码卖出（见图 2-2），其间持有两年左右，结束波段性操作，这就要求资金不能有时间限制，否则很难做到翻一倍甚至几倍还能很淡定地持有。

战术层面的安全边际

在战术层面，安全边际 = 长周期底部买入 + 长周期顶部卖出。战术层面针对的是价格轨迹，也即我们常见的走势。一个相对低的价格意味着可以相对长期地持有而不易被击穿买入持有的成本。长周期的顶部和底部均可以从走势演化的角度进行识别，这里的长周期一般指周线级别。

（1）长周期底部买入

对于一般交易而言，以周线为交易级别可以应对市场中的绝大部分情况。在长周期的底部买入可以有效降低交易成本，长周期买入模式可以细化表述为：周线的一段走势向下离开周线中枢，如果背离，此下跌段即为长周期买入的合理位置。这里涉及的中枢概念，在第四章会有详细说明。

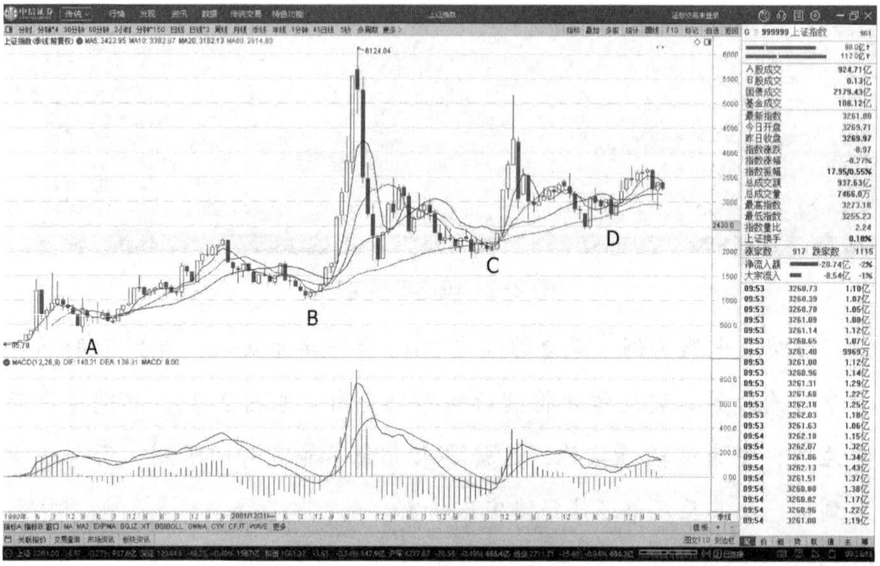

图 2–3　上证指数季线调整

从季线级别看，上证指数成立以来形成的重大调整有四次，分别是图 2–3 中的 A、B、C、D 四个波谷低点，所以站在战略交易的角度，A、B、C、D 是最佳的介入机会。

（2）长周期顶部卖出

与长周期底部买入对应的是长周期顶部卖出。长周期顶部卖出可以概括为：一段周线走势向上离开周线中枢，出现顶背离，此周线走势段即为周线顶部的卖出位置。

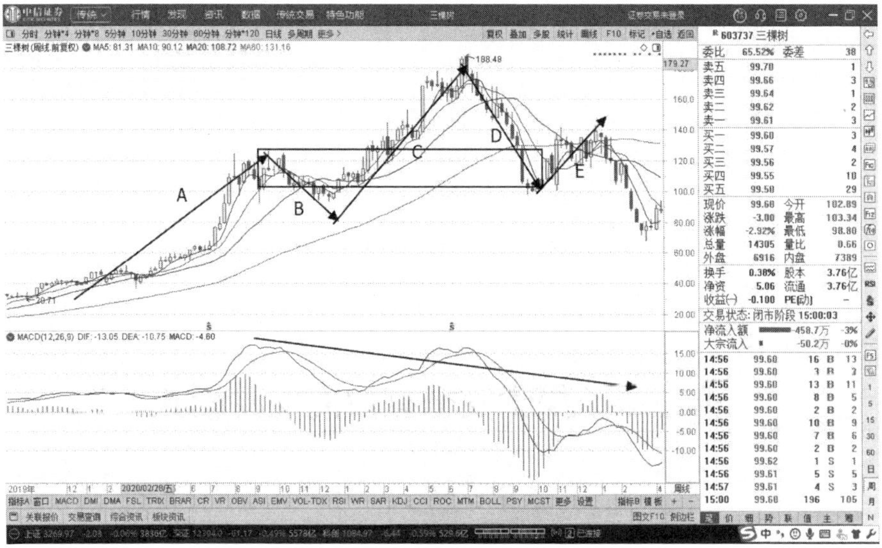

图 2–4　三棵树长周期顶部

图 2–4 为三棵树长期上涨后形成的顶部。从交易的角度，E 段为周线顶部段即长周期的顶部。

只有对长周期的顶部有一定的认识，在实践交易中能相对准确识别，才能确保在一个长线中期的顶部顺利获得收益。所以长周期顶部的识别是至关重要的，是战略投资中不可或缺的环节。

交易安全边际

由上可知，交易安全边际可以概括为：相对好的股票 + 无时间压力的资金 + 长周期底部买入 + 长周期顶部卖出。在理解交易安全边际的前提下，再去探索交易模式或者交易系统，对投资者而言才会更具实践意义。下面章节将重点阐述不同交易模式。

第三章 探索安全有效的交易模式

交易模式的本质

交易模式的作用在于让无序的走势成为可交易的不同类别的走势，其本质是对于走势的分类。任何交易的股票，通过分类依据的制定，可以分为适宜交易的和不适宜交易的两类。两种类别在时空演化中相互转化，投资者只关注其中可以交易的部分即可。

今天虽然价值投资的理念已经深入人心，但对于交易模式的探索仍然是必要的。就曾具有投资价值的股票而言，其投资价值也会随着时间的推移慢慢减弱或消失。如何在这个过程中兑现收益是一个重要而实际的问题，而有没有掌握安全有效的交易模式决定了我们能不能及时兑现投资收益。

走势本质上是资金的轨迹。资金聚集在一起的唯一理由是它们找到了一个可以引起市场共鸣的资本成长故事，故事讲完后行情也就结束了，所以大部分个股最后免不了一地鸡毛。

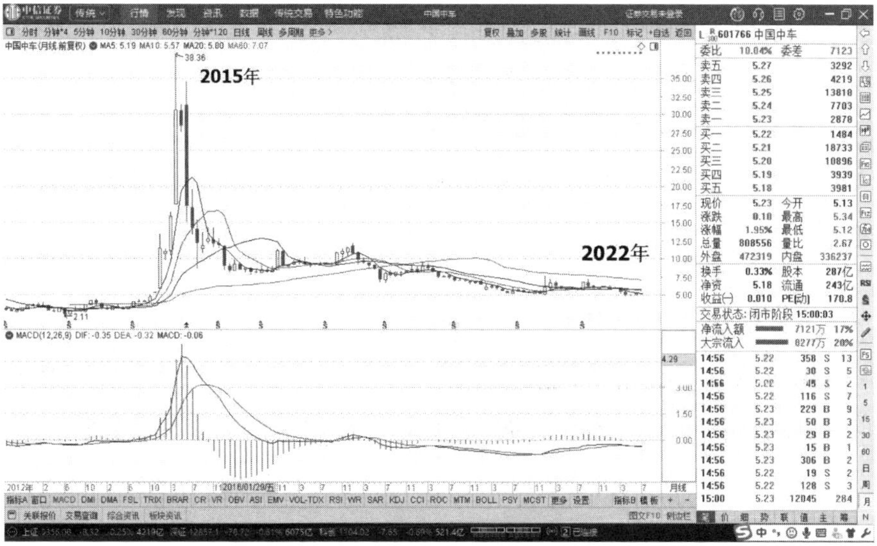

图 3-1　中国中车大调整的走势

中国中车从 2015 年冲高至 2022 年，7 年过去了，股价仍然不到原来的 20%（见图 3-1）。如果当初没有及时在高位兑现，那么便会在高位一直被套，而什么时候能够回到历史高价是未知的，不幸踩雷的投资者会被长期套住。

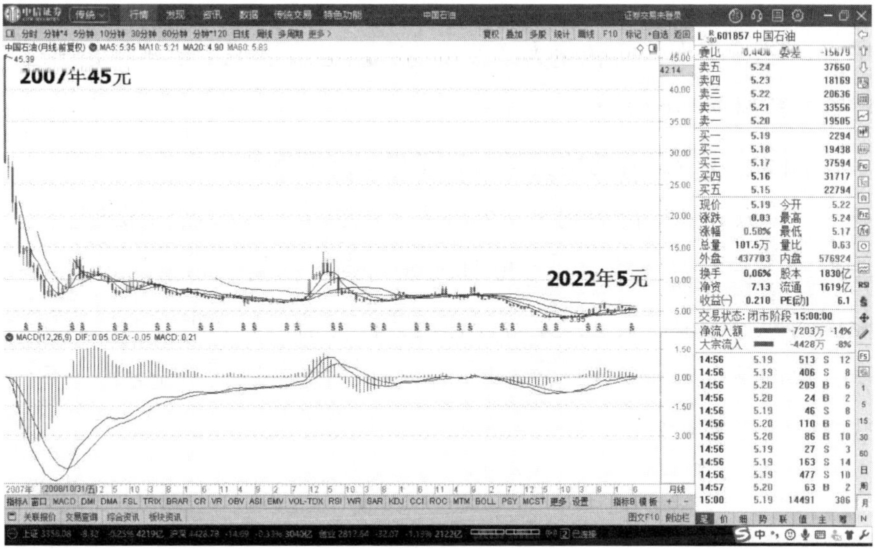

图 3-2　中国石油的历史走势

中国石油2007年上市时股价最高时达到45元每股，但是现在的股价却在5元附近徘徊（见图3–2）。“问君能有几多愁，恰似满仓中石油”，买入的位置即是当前的历史最高价，投资者如果能理性地从长周期技术的角度进行分析介入，完全可以避免这种股市惨剧的发生。

类似前述的中国中车、中国石油这样的个股在市场上比比皆是，而且以后这种情况可能会越来越多。投资者需要时刻提醒自己，要是自身碰到这种情况，该怎么办？我们该如何避免出现这种情况？

不同交易模式比较

交易模式因人而异，有根据均线进行交易的，有根据MACD、KDJ、CCI等指标进行交易的。简单来说，交易模式是一套如何买入和持有的标准。需要指出的是，大部分交易模式既有优点也有缺点。以简单的均线为例，在单向的行情中，根据均线进行持有，无疑是最简单有效的办法，能获得中间的主要利润。但是单边行情持续的时间毕竟比较短，当行情转化为震荡市时，就会造成买卖信号频频出现，继而造成对交易的干扰。

不同模式所具有的优劣势为交易模式之间的比较提供了可能。一种交易模式，如果能做到更早发现买点或更早发现卖点，那便是一套非常完美的交易模式。以120日均线为例，从买入卖出的角度，不能做到抄底逃顶。其优点是可以在趋势性行情中最大限度地把握住机会，缺点是卖出的位置比较滞后。从这个角度来说，均线系统不是一套完美的交易系统。

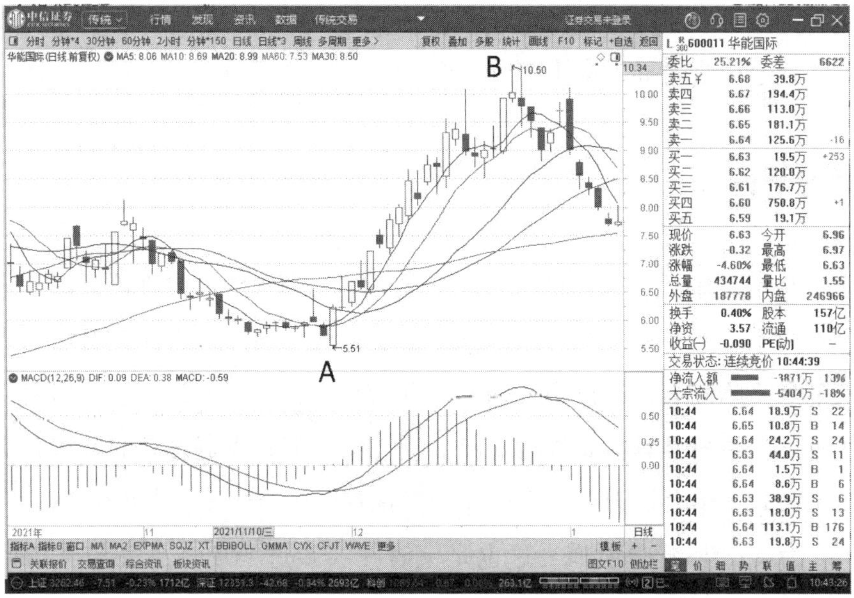

图 3-3　理想交易模式（华能国际走势波段）

理想的交易模式是我们能买在 A 点，卖在 B 点（见图 3-3）。但对于市场上大部分的技术体系而言，这显然是无法做到的。比如从 K 线特征角度，B 位置是出现了上影线较长的阴 K 线、螺旋桨线。根据 K 线理论这是一个顶部特征。但紧接着又出现了几根这种 K 线，到底根据哪条 K 线进行交易，实际上还是非常模糊的。尤其是实际交易中，会给投资者带来很大的困扰。

不管是均线系统，还是 K 线系统、KDJ 系统等，它们最大的缺陷在于仅从一个微观、单向的角度去思考买卖点的位置，而不是从一个中观和宏观的框架去构建买卖系统。进一步说，以 K 线为系统的交易模式，所反映的市场信息是一小段时间的，而不是较长时间的多空充分博弈结果。

在一个较长的时间跨度内，可能我们仅抓住了其中一个片段，而忽略了大的方向与趋势，会出现“只见树木不见森林”的情况。例如，在一个日线的下跌趋势中，在 5 分钟级别会有许多的反弹和上涨。如果我们只看到5分钟的上涨而忽略了日线处于下跌趋势的背景，就会出现主导方向上的判断失误。

再论缠论

2010年前后，偶然的一个机会笔者接触到缠中说禅理论，因其理念不同于一般市场上的技术理念，初次接触，理解起来比较费力，后来笔者又陆陆续续研读了几遍，才逐渐有了较为深入的理解，但起初并没有严格按照其模式进行交易。近几年，随着投资理念的转型和实践的深入，笔者认识到缠中说禅仍然具有很好的实践参考价值。

为什么是缠中说禅？这也是笔者在实践过程中一直在思考的问题。笔者认为缠论之所以具有更好的指导价值，主要原因是其符合人的心理预期轨迹。投资者因为心理预期而交易，由此产生走势和资金轨迹。

《曹刿论战》中有云："一鼓作气，再而衰，三而竭。"从交易的角度看，"一"代表第一段下跌，"再"代表第二段下跌，"三"代表第三段下跌。经历三次主要下跌，向下动能衰竭。

将三次下跌及中间包含的反弹转化为走势轨迹，便构成了包含中枢的一个完整交易架构，即a–B–c–D–e模式。其中，a、c、e分别对应三段下跌，B、D为中间的有力反弹段，造成MACD黄白线回抽零轴，B、D构成中枢。与此同时，通过次级别的分解，对应e段内部也可以做a–B–c–D–e五段结构的分解，精确买点，如此往复。

缠论模式的提出使得传统文化与交易模式完美融通，大众心理轨迹与市场走势结构形成一一对应，不能不说这是一个极大的创新发现，它为我们观察走势、买入卖出，提供了一个绝佳的工具。缠论中提到的中枢、背离、区间套，构成我们分析走势结构的三大法宝。下面将重点阐述这些技术工具，进而提出基于中枢结构的交易模式。

第四章 构建完整合理的交易程序

重要技术要点认识

构建基于中枢的交易模式，首先要熟练掌握如下几个要点：走势组成、走势背离、中枢概念、区间套原理、级别与投入资金。交易过程中要做到“五位一体”，熟练运用。

（1）走势组成

股票走势由一根根小的K线构成。三根K线之间，如果第二根K线最高价低于前面的K线，最低价低于前面一根K线，同时第三根K线最低价高于第二根K线的最低价，最高价高于第二根K线的最高价，此时走势就构成了底分型。

与底分型相对应的是顶分型。三根K线之间，如果第二根K线最高价高于第一根K线，第二根K线的最低价高于第一根K线的最低价，同时第三根K线的最高价低于第二根K线的最高价，第三根K线的最低价低于第二根K线的最低价，那么走势就形成了顶分型走势，如图 4–1 所示。

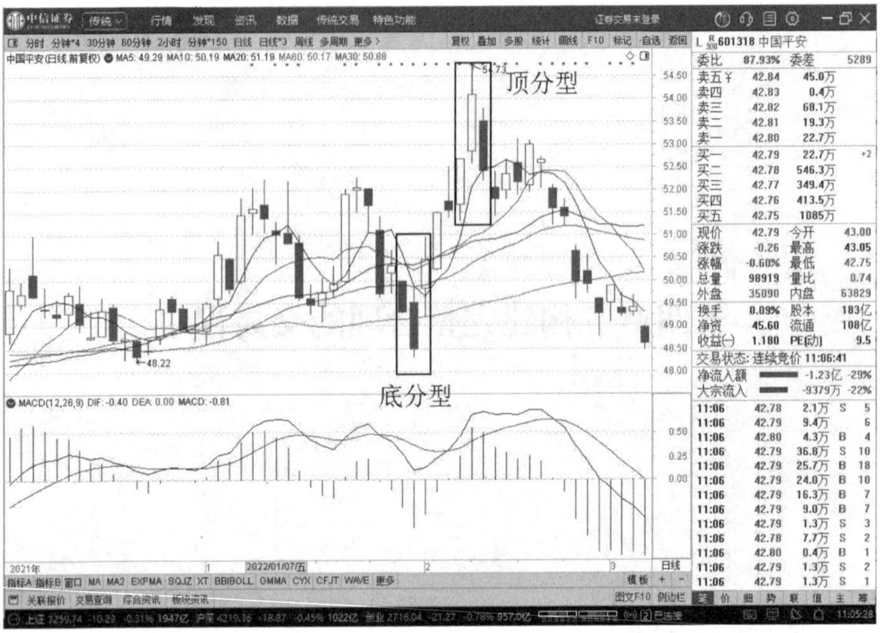

图 4–1　顶分型和底分型（中国平安走势）

底分型是下跌中的转折，顶分型相当于上涨中的转折，顶分型和底分型之间构成一段走势，由此所有的走势都可以由一段段走势相互连接而成。这是认识市场结构的基础，也是构建中枢和交易系统的基础。

通过对走势的分解可知，任何复杂的走势都可以表示为由一段段走势首尾连接而成的走势段。如同对一部机器进行拆解，再复杂的机器，也仍然是由不同的零部件组合而成的。

分型的用处有二：其一，作为分解复杂市场走势的基础工具。基于分型及其构建的走势段，我们可以分解任何复杂的市场行情。其二，作为交易依据。主要适用于大级别的走势，尤其是在周线和月线级别中。例如在周线高位出现顶分型，那么基本上是走势中期见顶的信号，此时就必须先将资金退出来。

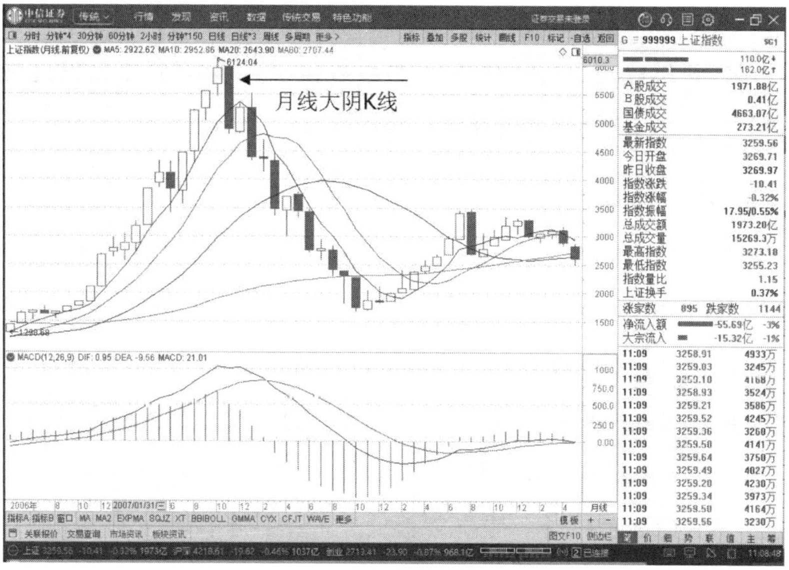

图 4-2　大周期顶分型应用（上证指数 2007 年 11 月月 K 线）

如图 4-2 所示，2007 年 11 月，上证指数当月形成大阴 K 线，形成月线的顶分型，随后拉开了长达一年的调整序幕。分型在长周期中对于判断长期走势方向具有一定的指导意义。

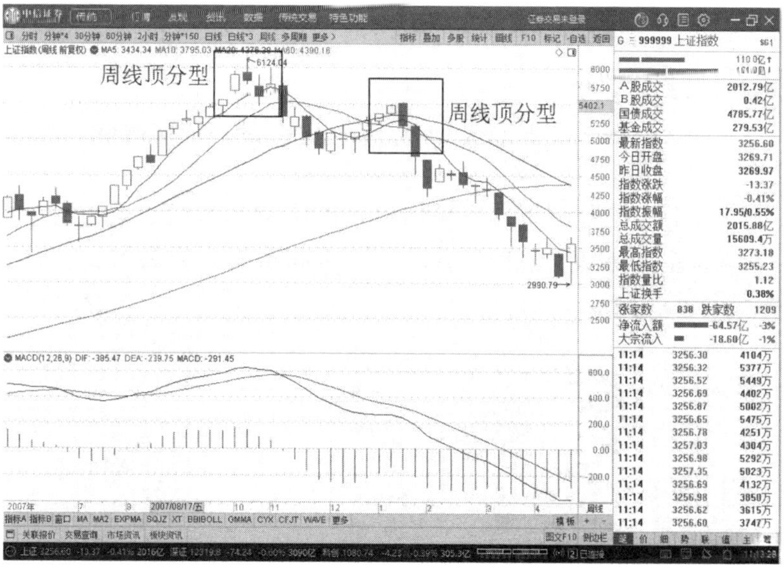

图 4-3　大周期顶分型应用（上证指数周线走势）

如图 4-3 所示，2007 年 10 月 19 日、2008 年 1 月 18 日，上证指数分别形成周线顶分型，随后走势一直回调。相对于月线的顶分型，周线的顶分型出现的频率会偏高，指导意义相对较小。

（2）走势背离

股市中的背离可以直观地理解为价格与指标的不同步变化现象。我们经常会看到“量价背离”这个概念，即股价的上涨没有成交量的配合，或者股票的下跌没有成交量的配合，这是从成交量的角度看背离。

观察背离的指标有很多种，比较常用的指标是 MACD。如果股价创新低，但是 MACD 黄白线不创新低，即构成背离。MACD 判断背离的另一个指标是柱子。股价创新低，但是柱子没有变得更长，也构成背离。背离分为顶背离和底背离，顶背离通常为卖出的信号，底背离通常为买入的信号。

从市场买卖的角度来看，背离是由于超卖（筹码惜售）或者超买形成的，亦可以理解为资金为了收集更多的便宜筹码对末端走势的打压，但实际上已经进入正式筑底的阶段。在上涨的时候，顶背离则成为诱多的陷阱，通常造成阶段性顶部。所以，背离是我们观察市场走势的一个重要参考指标。

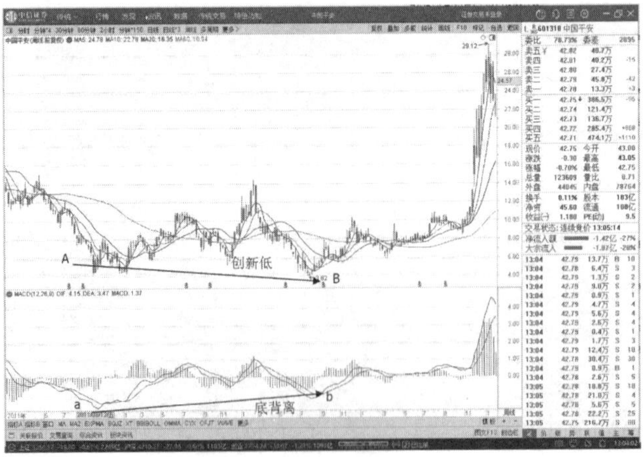

图 4-4　中国平安底背离

如图4-4中国平安的走势，股价从A处下跌到B处，创下新低，虽然幅度并不是很大，但是下方对应的MACD黄白线从a抬升到b位置。股价和MACD指标出现不同步的情况，形成背离走势，后面出现了股价的反弹。

图4-5 通威股份底背离说明

如图4-5所示，通威股份的一波下跌走势，股价从A处下跌到B处创下新低，对应的MACD黄白线上移，从a上移到b，股价的变化出现了与指标不同步的情况，底背离显著，随后股价出现大幅上涨。

图4-6 安琪酵母顶背离说明

如图 4-6 所示，安琪酵母 2021 年 11—12 月的一波反弹走势，股价从 A 处上涨到 B 处，对应的 MACD 黄白线指标从 a 回调到 b。股价上涨，但指标没有同步变化，形成了顶背离的形态，诱发股价大调整。

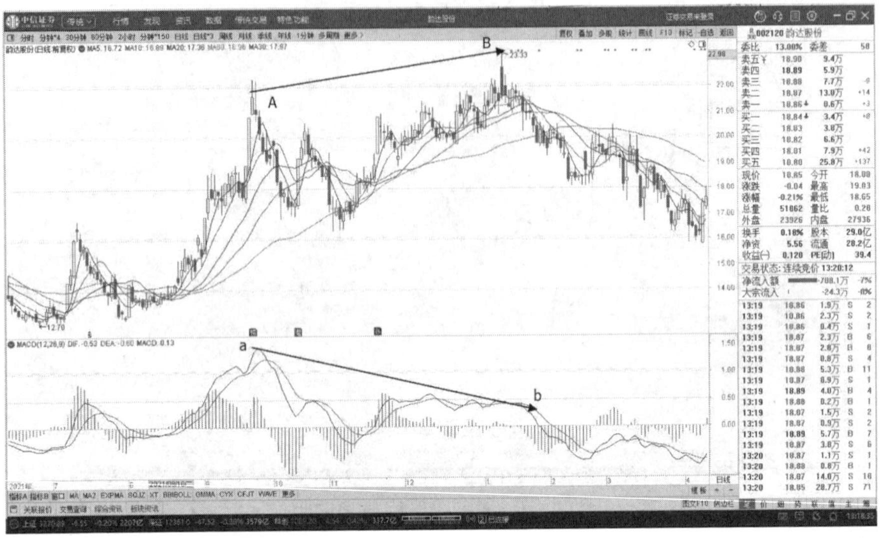

图 4-7　韵达股份顶背离说明

如图 4-7 所示，2021 年 11—12 月，韵达股份走势一直在缓慢上移的过程中，主要表现在 MACD 黄白线一直下移，柱子较短，在 B 处股价创下新高，但指标却下移至新低，顶背离显著，随后股价也出现大幅度调整。

在实际交易的过程中，单个背离指标还不足以作为依据，需要把背离与后面的中枢结构、交易周期进行结合，尤其是高级别的周期。因为高级别的周期走势相对比较稳定，反映了中长期的走势信息，信号的可信度更强。

（3）中枢概念

中枢为三个次级别走势重叠的部分，即 ABC 三段走势，如果有重叠的价格，那么重叠的部分即构成一个中枢。从最微观的角度看，如果三根 K 线有重叠的价格区间，那么这个重叠的区间即可构成中枢。

根据不同的周期，可以分为 60 分钟中枢、120 分钟中枢、日线中枢、周线中枢等。周期越大，中枢的信号意义越强，比如对于周线中枢而言，其构造过程需要 1~2 年的时间，底部中枢构建完成后的涨幅也会非常大。

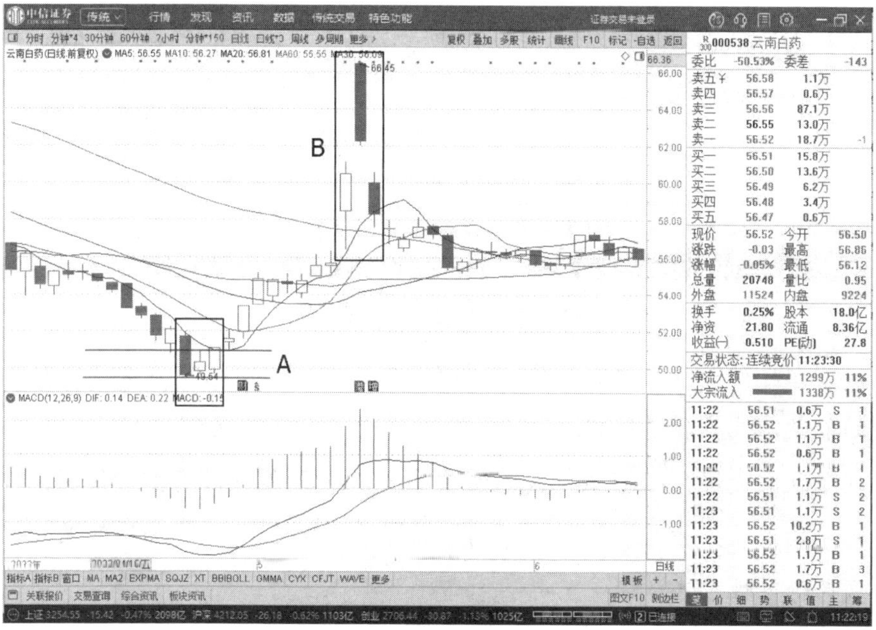

图 4-8 云南白药中枢说明

如图 4-8 所示，从最微观的角度看，三根 K 线在 A 处构成了一个微型的中枢。这个中枢即 A 处三根 K 线重叠的部分。在图中 B 处，由于最高处 K 线与下面两根 K 线没有重价区间，所以不构成中枢。

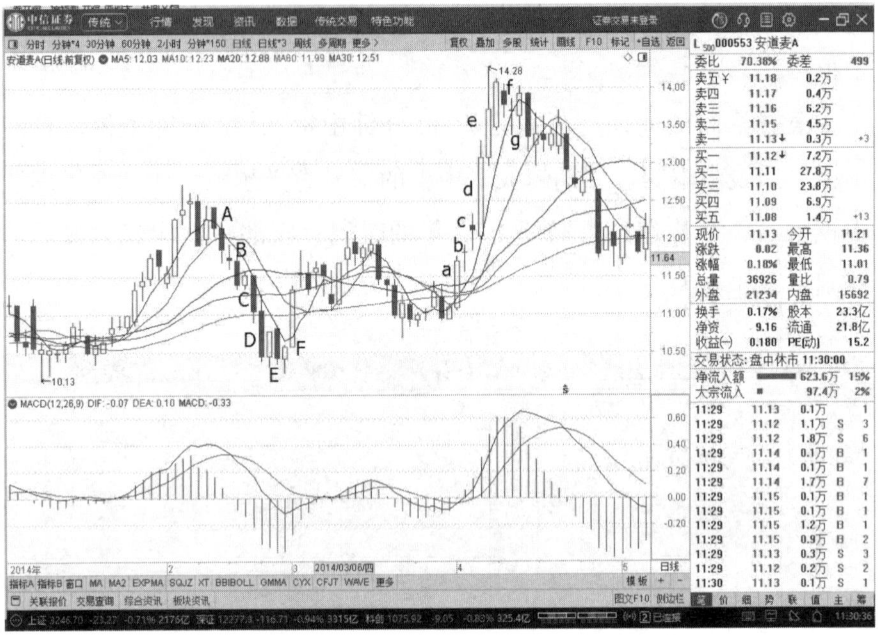

图 4-9 安道麦 A 中枢说明

在序列下跌的过程中不会形成中枢，中枢的形成意味着多空双方的能量对比出现了反转。以图 4-9 安道麦 A 的走势为例，ABC 出现序列下跌的走势，ABC 之间没有重价区间，BCD 线也没有重价区间，所以都没有形成中枢。DEF 之间有了价格重叠的区间，所以 E 位置处就成为阶段性底部。

F 走势之后的震荡筑底，实际上是在不断形成不同级别的中枢（微观的中枢）的过程。右侧上涨的过程，abc、bcd 之间均没有重价区间，走势处于加速上涨的过程中。e、f、g 三根 K 线之间有了价格重叠的区间，这是多空分歧加大的一个征兆，阶段性上涨走势随后见顶。

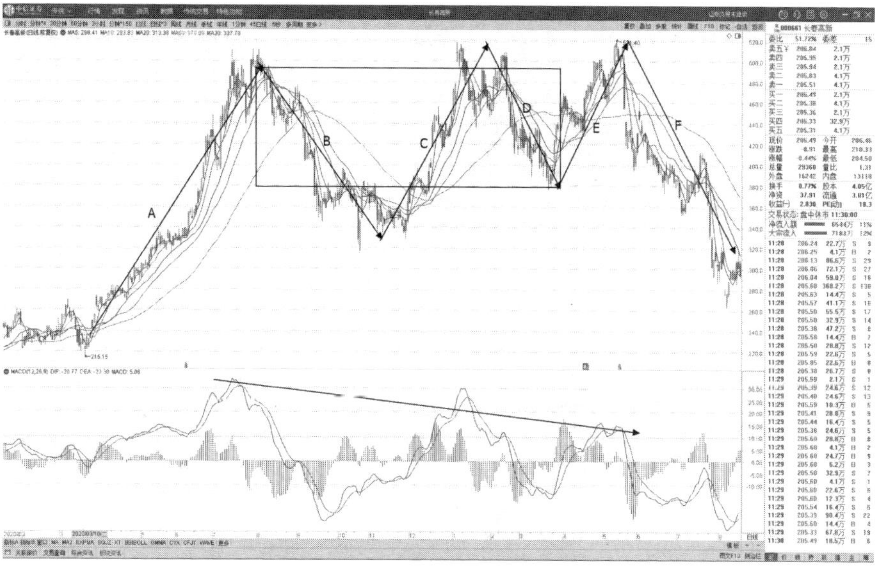

图 4-10　长春高新日线中枢说明

图 4-10 为长春高新的日线级别走势，BCD 构成一个日线的中枢，E段走势向上离开中枢，E段能量出现衰竭，所以E段构建了一个卖点。这是非常典型的由高级别顶部中枢导致的股价大跌案例。

从多空博弈的角度看，单边下跌，连续三根 K 线没有价格重叠的区间，意味着空头占据主导，多头能量较小。随着多头即买方力度的增强，价格回升，出现了价格重叠区间，进而进入多头的控制区域，形成单边上涨走势。走势正是在以中枢为平衡点的多空双方之间循环往复演化。

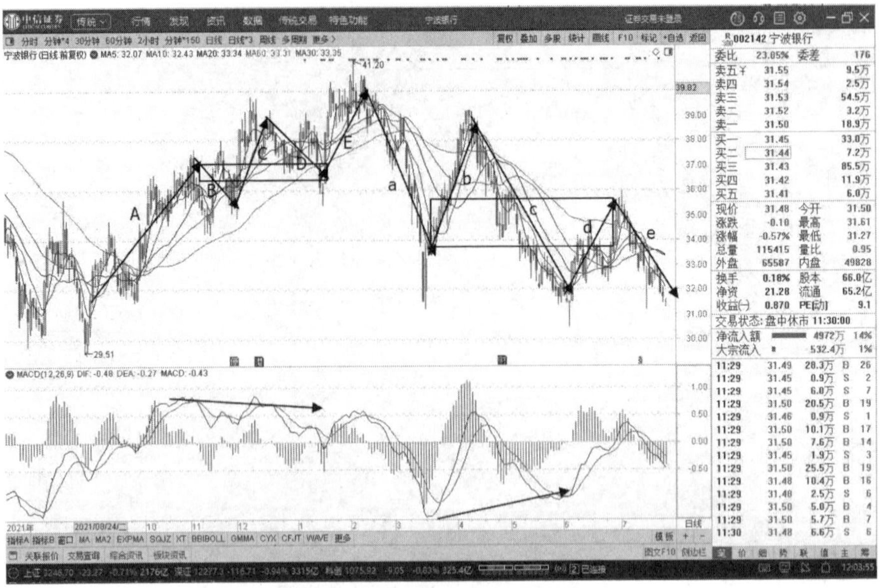

图 4–11　宁波银行日线中枢说明

如图 4–11 所示，BCD 构成日线级别的中枢。E 段向上离开此中枢，但下方出现能量的背离（MACD 黄白线出现下行）。从交易的角度看，E 段末尾必须出来。经过 5 段下跌后，形成 bcd 下跌中枢，e 段向下离开中枢。此时走势尚未完结，但基本可以预见要形成底背离。对 e 段内部进行 30 分钟级别中枢结构分解，可以确定 e 段走势结束的位置。

在一个单边下跌的走势中，要形成一个日线中枢往往需要较大的买入资金力度，因为中枢的出现必须有价格的两次有力反弹，并且反弹要触及前面回调低点。对于日线级别而言，如果能形成这样两波有力的反弹走势，意味着有较多的资金买入，同时也说明离底部已经不远了。

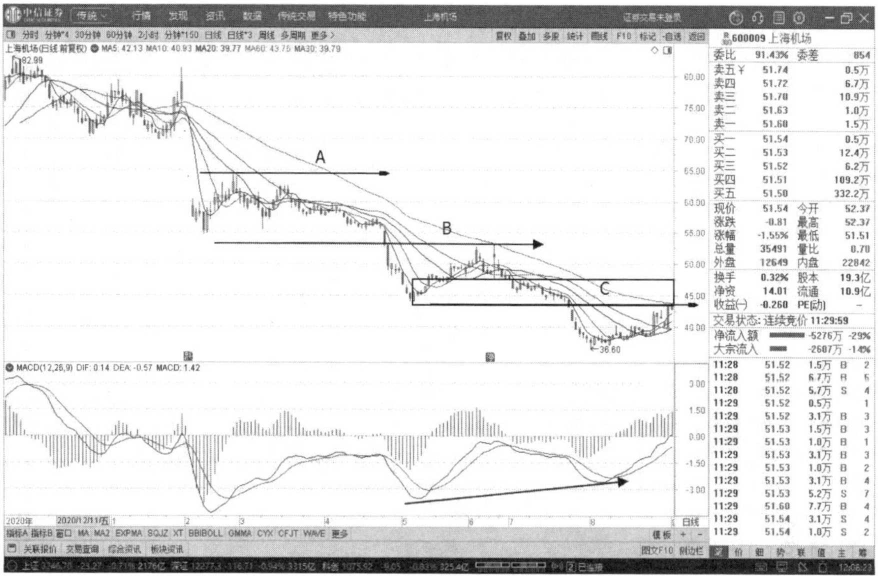

图 4-12　上海机场日线中枢说明

图 4–12 为上海机场的日线调整。A 处的反弹力度有限，从价格的角度看没有触及前面一个波段调整的低点，B 处反弹同样没有触及前面回调的低点。所以从日线级别中枢的角度来看，仍未形成日线级别的买点。C 段反弹走势出现后，其反弹高度触及前一波段回调低点，此时日线中枢基本确定成形了。等待 C 段走势回调后，买点的机会正式出现。

C 段位置走势回调结束如何确定？使用同样的方法，对 30 分钟级别走势进行分解。基于 A、B 两段反弹走势的力度，即可以判断其日线级别的买点，可以避免盲目抄底。

从资金的角度看，A、B 处反弹的力度较弱，买入的资金较少，亦即空头的能量较大，多头的能量较小。到 C 处，阶段性的空头能量已经接近衰竭。买入的资金较多，导致股价上涨，此时多空形势发生逆转，行情开始反转。

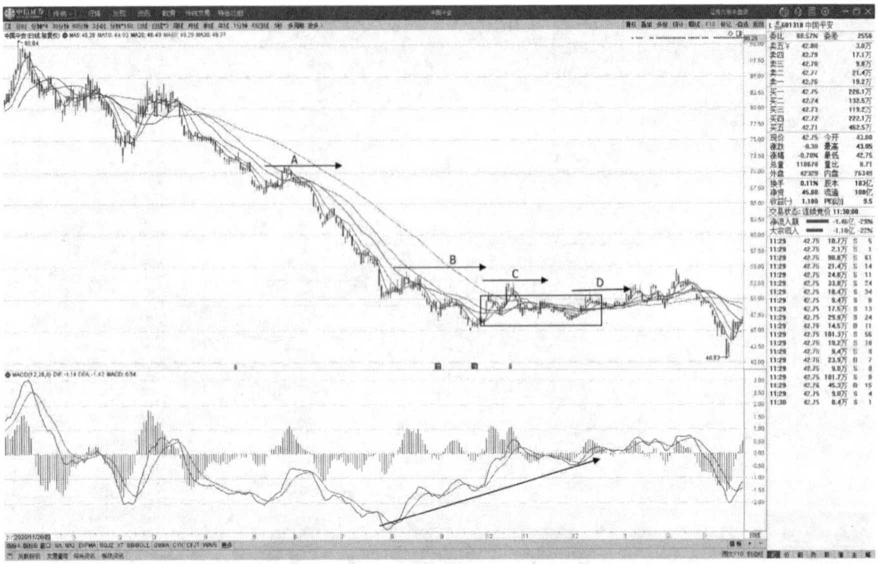

图 4-13　中国平安日线中枢说明

中国平安 2021 年 3—12 月的调整走势如图 4-13 所示。在其下跌的过程中，呈现单边的下跌，A、B 处的反弹力度均较弱。C 处反弹第一次造成 MACD 黄白线上穿零轴。图中 B 处也出现了反弹，但是其 MACD 黄白线远不能触及零轴，B 处的反弹不能作为有效反弹的一段。一直到 C 段走势的形成才形成第一段有力反弹。随后走势回调，再度形成 D 段走势的反弹。此时，日线的中枢形成了。对于中国平安的日线而言，D 位置的回调形成了第一个买点，此时的价格为每股 49 元左右，本轮下跌的起始价格为每股 83 元左右。由此可见，基于日线中枢的判断，可以避开最大幅度的下跌段。

图 4–14　PVC（期货品种）60 分钟中枢说明

根据中枢对走势进行判断，同样适用于期货。PVC（期货品种）60 分钟的下跌走势如图 4–14 所示。当走势进行到 F 位置时，出现了一小波反弹到达 C 位置。从对应的 MACD 黄白线 A 可以看出，MACD 黄白线回抽不能触及零轴，说明做多的力度仍然较弱，这可以从 C 处的反弹幅度较小得到印证。随后走势继续下跌到 E 处，又形成了一波反弹到达 D 位置。此时可以看到对应的 B 处 MACD 黄白线回抽力度更小，与零轴的距离更远。随后走势形成了一波新的下跌。根据前面制定的 MACD 黄白线触及零轴作为有效反弹的标志，此时虽然下跌幅度已经很大，但是还没有形成中枢的第二段（通常 A、B、C、D、E 五段下跌中的 B 段），如果是根据 60 分钟级别持有空单，那么继续持有是此时唯一的选择。实际交易中能不能买，能不能卖，并不是看其涨了多少，跌了多少，而是看反向走势的力度。

图 4-15　甲醇（期货品种）60 分钟中枢说明

对比图 4-14 所示 PVC 走势，同样的时段内，可以看到甲醇的走势明显强于 PVC，如图 4-15 所示。第一波反弹 B 就使得 MACD 黄白线触及零轴（F 处），第二波反弹同样使得 MACD 黄白线接近触及零轴（G 处）。走势进行到 D 处时，已经形成了 60 分钟级别的中枢（BCD）。所以，当 E 段再次走出背离式下跌时，做多的交易机会进入最后的酝酿阶段。

图 4-16　玻璃（期货品种）60 分钟中枢说明

如图 4-16 所示，玻璃 60 分钟的走势中，当走势进行到 B 处，H 处的 MACD 黄白线接近触及零轴，所以 B 处可以作为一个有效的反弹。当走势进行到 D 处时，对应的 MACD 黄白线 I 处触及零轴，形成第二个有效反弹。此时，走势形成了中枢 BCD，E 处末端可以进行 60 分钟级别的介入。

图 4-17　玻璃（期货品种）60 分钟 E 段走势 8 分钟分解

对前述玻璃 60 分钟 E 段走势进行 8 分钟级别的分解（见图 4-17），这里的走势相对复杂。BCD 构成 8 分钟级别的中枢，E 段向下离开中枢，能量出现背离，成为介入的位置，但是 F 段走势不能有效突破下跌的中枢，所以 F 段完成后，要先退出来。即使在 F 段末端没有退出来，H 段的反弹也要退出来。否则就将面临走势向反向演化的被动局面。在实际操作中，特别是刚介入的时候，要对走势保持警惕，走势一旦不能突破前方最近的阻力位，就必须先退出来观望。

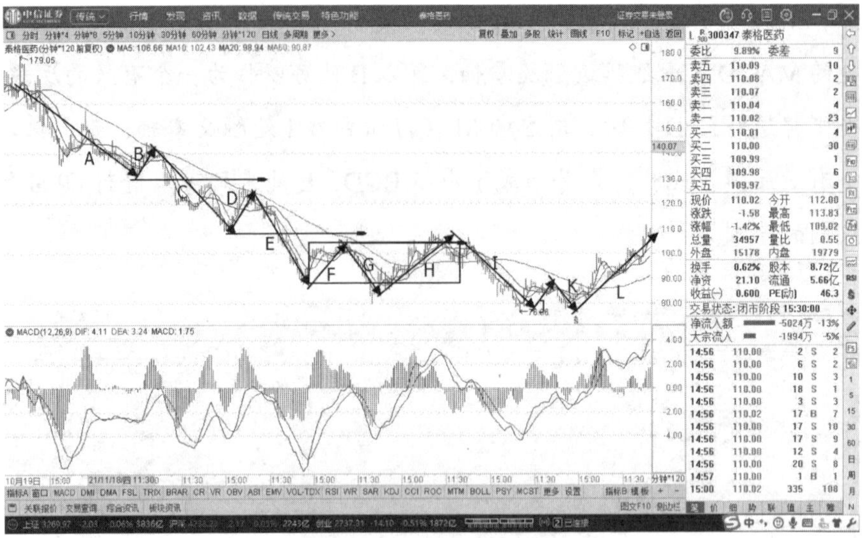

图 4-18　泰格医药 120 分钟中枢说明

如图 4-18 所示，在泰格医药的一波下跌中，在 H 段之前一直未能形成中枢。只要中枢不出现，就不能盲目抄底。FGH 构成 120 分钟级别的中枢，I 段向下离开中枢下跌力度较大，但也有背离，此时可以介入，也可以等待 K 段显著背离回调再介入。

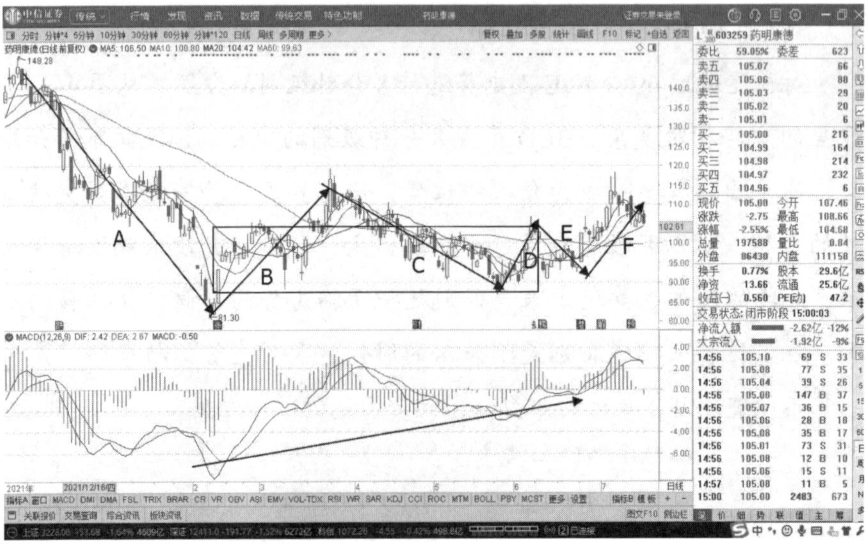

图 4-19　药明康德日线中枢说明

如图4–19所示，药明康德在一波下跌中，形成了标准的A–BCD–E五段走势。对于日线级别的交易者而言，E为走势向下离开BCD日线中枢波段，能量出现衰减线，E段位置是买点。

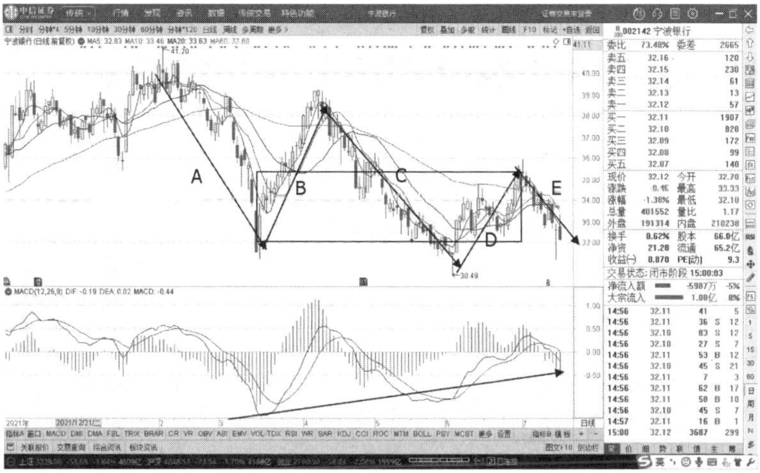

图4–20 宁波银行日线中枢说明

如图4–20所示，宁波银行走势中，BCD构成中枢，E段走势向下离开中枢，能量出现背离，E段为日线级别的买点。为了定位精确的买入位置，可以对日线E段走势进行30分钟级别的分解。

图4–21 宁波银行日线中枢E段走势30分钟级别分解

如图 4–21 所示，从宁波银行 30 分钟级别的走势看，其尚未形成中枢。所以，此时需要继续等待相应的走势段的出现。图中 E 段走势形成则意味着介入时机的成熟。这里的走势虽然没有完成，但对于交易而言，走势进行到什么程度，要时刻做到心中有数。

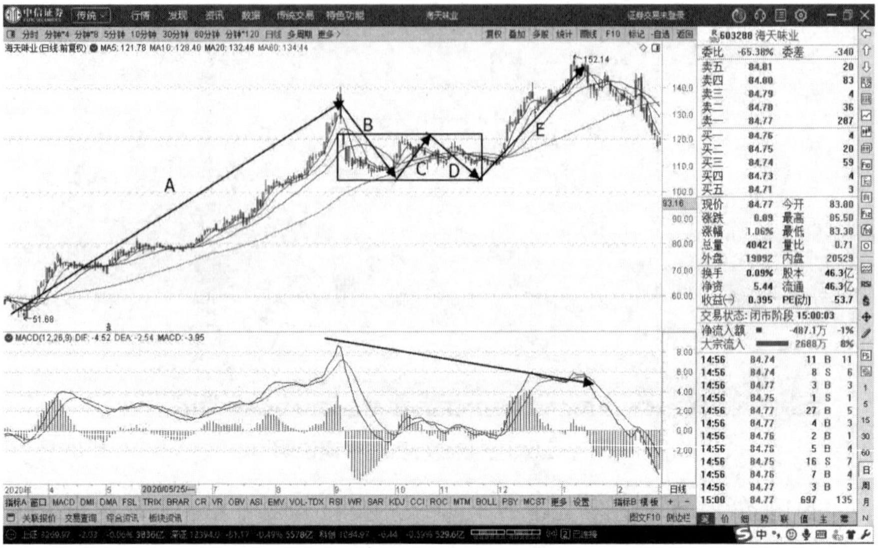

图 4–22　海天味业中枢及顶部判断说明

如图 4–22 所示，海天味业的走势中，一旦在日线底部位置介入成功，那么根据日线形成中枢结构及其后面对中枢的突破与回调的情况看，可以一直持有到 E 段走势。原因是 BCD 形成了日线的中枢，E 为向上对中枢的离开段，出现了显著的顶背离，所以 E 段即为卖点。

中枢如同磁体一样，对向上离开中枢和向下离开中枢均具有磁吸作用。当一个走势向上离开中枢时，如果出现能量的顶背离（注意：此时股价一定要创新高），那么就会受到中枢的吸引，有向下回到中枢的要求（这就是卖点）。同样，当一个走势向下离开中枢，出现能量的底背离（注意：此时股价一定要创新低），那么走势就有反弹的要求（这就是买点）。

中枢是缠中说禅理论的核心，是构建买卖框架的依据，亦是缠中说禅理论与其他交易理论的主要区别之一。中枢的本质是投资者心理预期轨迹在价格上的反映。大部分中枢交易结构以 A–BCD–E 这种框架模式出现。下跌中的中枢包含了 A、C、E 三段探底的走势和 B、D 两段有效反弹的走势，这是一个多空充分博弈的过程。正是基于中枢能够反映资金的充分博弈情况及资金轨迹，所以在实践中比其他技术更加实用。

（4）区间套原理

区间套即通过对一段走势进行多次的次级别分解，从而形成的对于股票买入价格的精确定位方式。区间套的原理首先是走势具有同构性（也即自相似性），不同周期的走势具有相同的特性。比如一棵树上的两片树叶，虽然不完全一样，但外观上相似，甚至内部的结构也一样。

以一段一米长的线段为例，区间套的大概要义是，首先我们可以把一米线段分为两份，这两份可以继续进行二等分（相当于原来的 1/4），1/4 可以继续分解为 1/8，如此不断分解下去。

在实际走势中，以常用的分解结构 A–BCD–E 为例，E 段向下离开 BCD 构成的中枢，此时为了获得更加精确的买点，E 段内部再分解为 a–bcd–e 五段走势，如此，不断进行分解，最终定位精确买点，这就是区间套在精确买点中的应用。

图 4–23　中国平安区间套说明

如图 4–23 所示，区间套即对 A 段走势进行不同级别的分解。图 4–23 中为中国平安日线级别的走势，首先对其进行 30 分钟级别的分解。

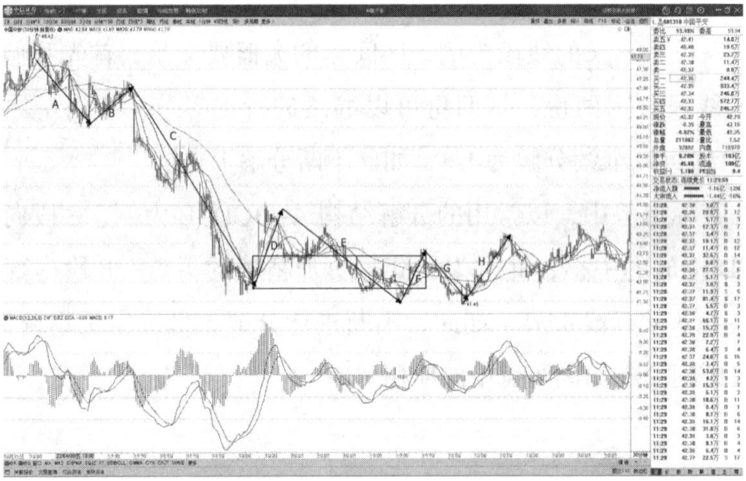

图 4–24　中国平安日线 A 段下跌走势内部 30 分钟级别分解

如图 4–24 所示，日线中的 A 段下跌在 30 分钟级别分解走势中可以表示为 A、B、C、D、E、F、G 几段走势，其中 DEF 为 30 分钟级别的中枢（这里是近似的中枢。E 段走势内部也有反弹，可以忽略不计。实际交易中，技术纳入考虑范畴，也不会影响交易）。G 段走势向下离开中枢出现能量背离，G 段为此轮日线调整的买点。为了进一步定位 G 段内部的买点，运用区间套对 G 段进行 5 分钟级别的分解。

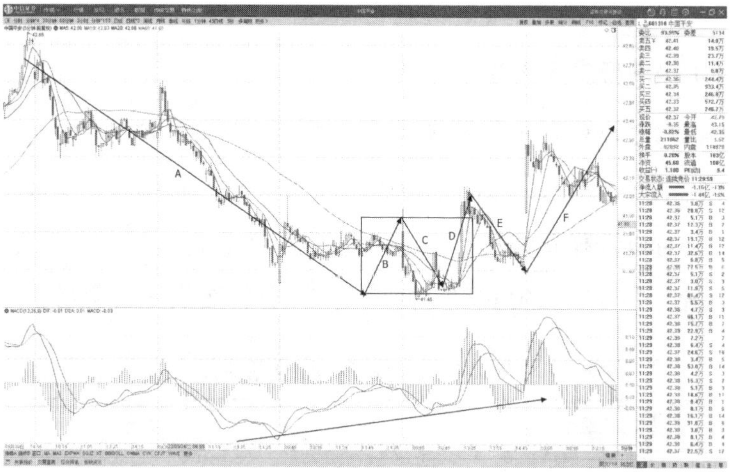

图 4–25　中国平安 30 分钟级别 G 段下跌走势内部 5 分钟级别分解

如图 4–25 所示，对 30 分钟级别 G 段内部进行 5 分钟级别的分解，形成了 A–BCD–E 五段走势结构。其中 BCD 为 5 分钟级别的中枢，E 段走势向下离开中枢，能量出现衰竭，从而形成此轮日线级别调整的精确买点。

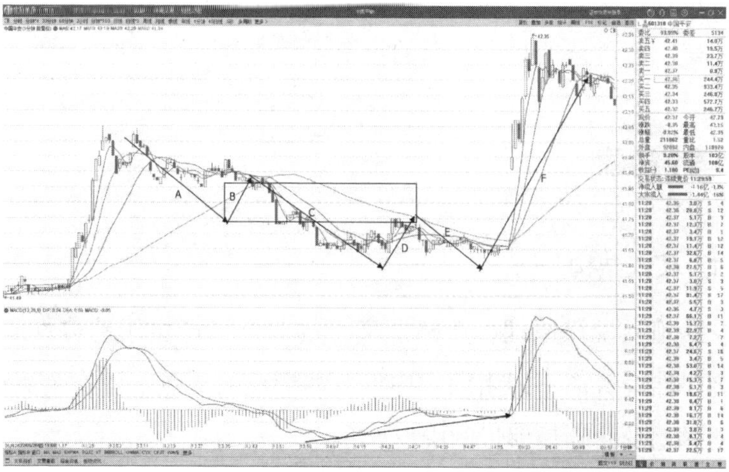

图 4–26　中国平安 5 分钟级别 E 段下跌走势内部 1 分钟级别分解

如图 4–26 所示，对 5 分钟级别的 E 段走势进行 1 分钟级别的分解，可以看到其内部构造模式是一样的，即至少包含了 A–BCD–E 五段走势，E 段完成后行情才真正开始。

（5）级别与投入资金

级别与交易资金呈正相关关系，即级别越高，交易投入的资金量越大（见表 4–1）。比如周线级别一般对应于大资金交易。对于小资金而言，可以选择日线进行交易。考虑到沪深 T+1 的交易模式，在有底仓的情况下可以采用 60 分钟级别、30 分钟级别进行交易。

表 4–1　走势级别与资金量关系

级别	资金
月线级别、周线级别	大资金、中等资金
60 分钟、30 分钟	小资金

级别与资金量的关系是由其稳定性和确定性决定的。走势级别越高，其稳定性越强，其适应的资金量也越大。级别越高，其走势也越不容易被短期的资金行为左右，反映的都是中长期资金的配置情况，也即未来确定性更大，而投资最重要的是确定性，所以，对于大部分资金而言，最适合的是中长期的投资。

买卖程序构建

（1）买入结构

根据缠中说禅原理，严格意义上的买点只产生于趋势性底背离。所谓趋势性底背离，即由两个中枢下移形成的买点，而这个买点形成后的反弹至少回到最邻近的中枢。

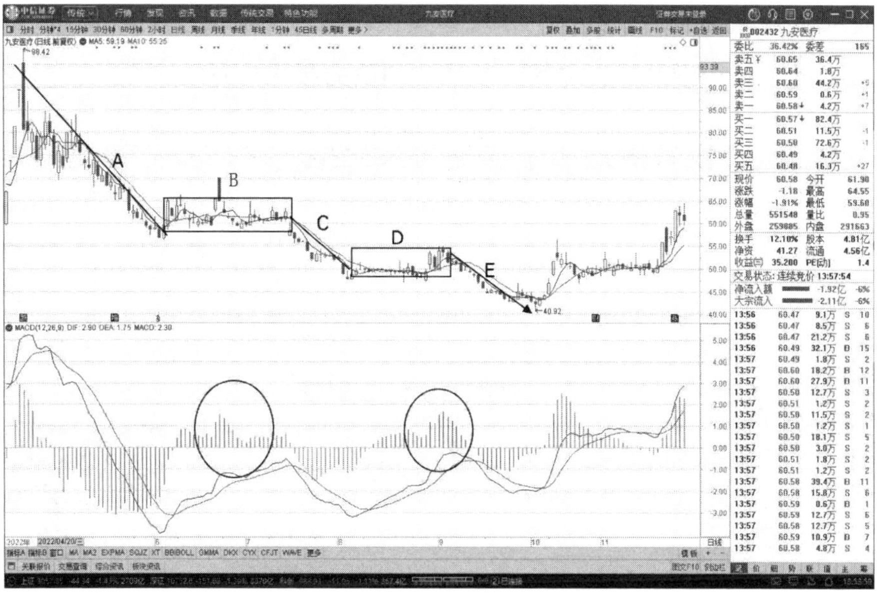

图 4–27　趋势买点构建

严格的一类买点产生于经过 A、C、E 三段下跌之后。其中，B、D 的反弹构成中枢。实际走势中，为了便于交易和判断，可以根据 B、D 两段走势对应的 MACD 黄白线是否触及或接近触及零轴作为是否形成中枢的简化判断程序。如图 4–27 所示，形成下跌之后，到 E 段，意味着趋势性底背离形成，也就构造了第一类买点，E 段下跌之后的反弹点至少要回到 D 平台。

实际走势中，高级别走势形成类似这种趋势性背离的走势有时并不是很多，也就是说在 ABCDE 五段走势中，D 段的反弹在触及 B 段平台的情况下，也可以当作类似的趋势性底背离进行处理，实际上也就是类似缠中说禅中枢震荡。中枢震荡的交易机会在市场中广泛存在，也是本体系所主要展示的。

基于前面的技术基础可以构建一个完整的交易程序。买点一般位于波谷的位置，买点之前必然首先有一个中枢。买点的概括是：在一个下跌的走势中，对应于下跌中枢，某一段走势向下离开中枢，出现能量的底背离，此下跌段的末尾即为买入位置。根据区间套原理，可以对此下跌段继续进行分解，找到更精确的买入位置。

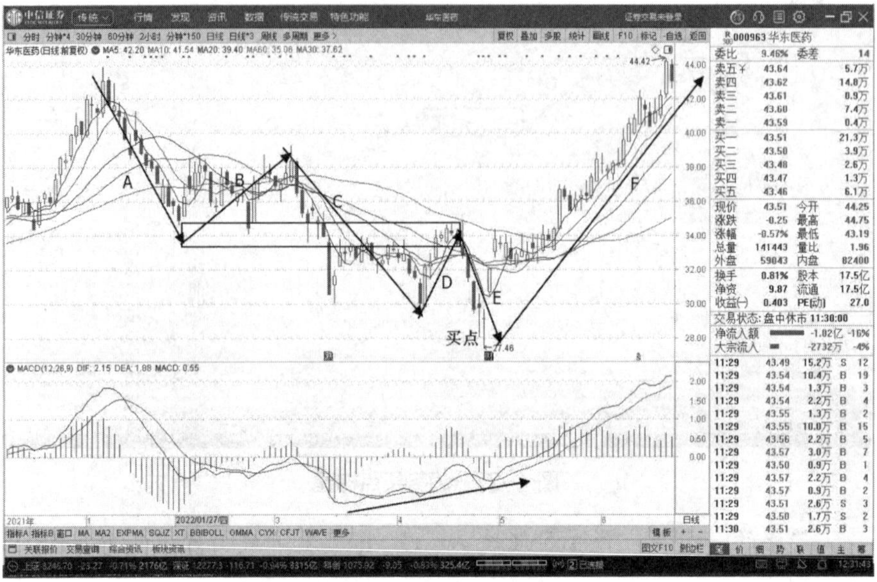

图 4-28　买点构建

如图 4-28 所示，A-BCD-E 五段走势中，BCD 构成中枢，E 段走势向下离开中枢，能量背离显著，所以 E 段就是买入的位置。买入不一定就能形成 F 段上涨走势，也有可能经过反弹后股价继续创新低。

（2）卖出结构

基于中枢结构，卖点产生于某一段走势向上离开中枢的时候。当走势向上离开中枢，同时能量出现衰减的时候，就是卖点所在的位置。所以，卖点之前必然有一个上涨的中枢，没有中枢就不存在卖点。卖点也必然有走势的背离，没有背离，当然也没有卖点。这里指的卖点同上，也主要是指中枢震荡的卖点，而不是缠中说禅的趋势性卖点。在缠中说禅趋势性卖点中，D 段回调不能触及 B 段。所以缠中说禅的第三类卖点可以当作一种 ABCDE 五段交易结构中特殊的情况进行处理，这种处理并不会影响实际交易的判断。因为从交易心理的角度看，经历两次 MACD 触及零轴的回调，但反弹或下跌却仍然出现背离，意味着做多或者做空的能量已经不足，需要对走势引起警惕。

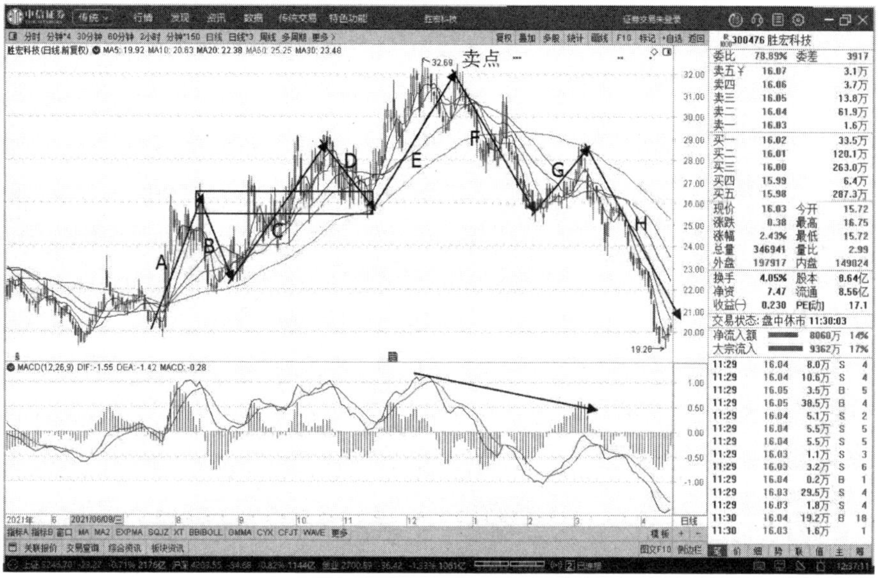

图 4–29　卖点构建

如图 4–29 所示，A–BCD–E 五段走势中，BCD 构成中枢，E 段走势向上离开中枢，能量出现背离，所以 E 段就是卖出的位置，卖出不一定就能形成 F 段上涨走势，也有可能经过调整后股价继续创新高。

下篇

交易案例分析

第五章 交易实践案例解析说明

本章将详细分析笔者根据前述方法所进行的最新短线实践案例。本章所有涉及的案例均来自笔者实盘交易。为了应对复杂多变的实际走势，简化交易程序，这里规定：①对于日线级别的走势，采用 30 分钟作为分解级别，30 分钟走势采用 4 分钟（或者 5 分钟）作为分解级别；②将 MACD 黄白线有力地穿越零轴或者接近穿越零轴和形成的较高柱子作为形成走势段的标准。

走势分解说明示意图

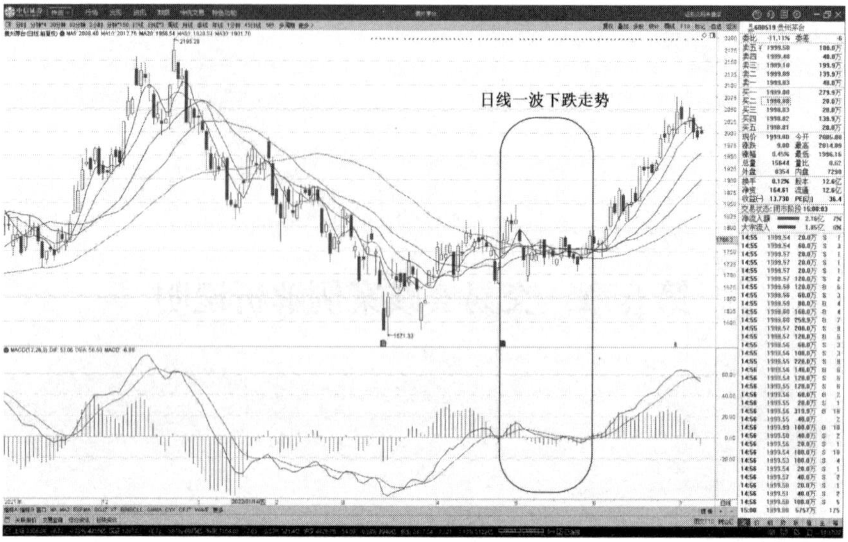

图 5-1　贵州茅台日线调整

如图 5-1 所示，贵州茅台日线出现一波回调走势，在实际交易中，为了判断其调整结束的时间，需要对其次级别走势进行分解。

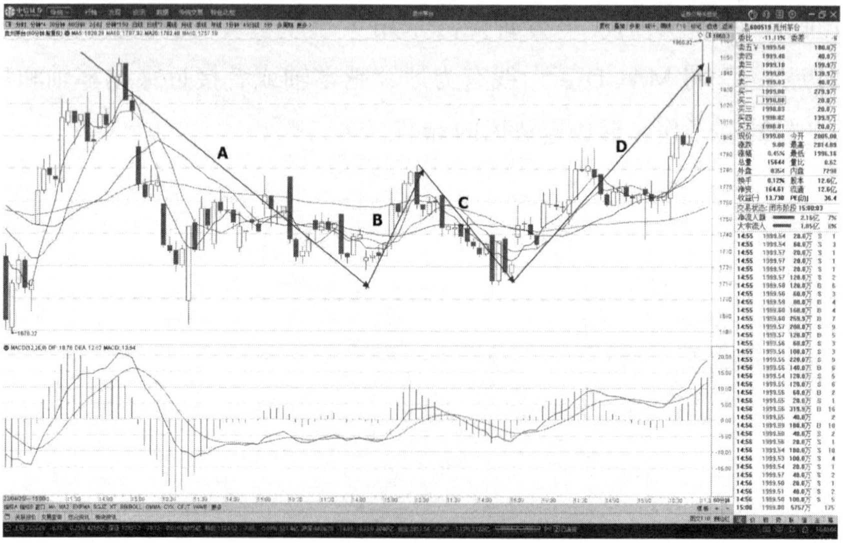

图 5-2　贵州茅台日线调整 60 分钟分解

如图 5–2 所示，60 分钟级别分解只形成了 ABC 三段走势，未能构建显著的中枢，所以对实践交易而言，在判断上不是非常便利，这就是需要进行 30 分钟分解的原因。

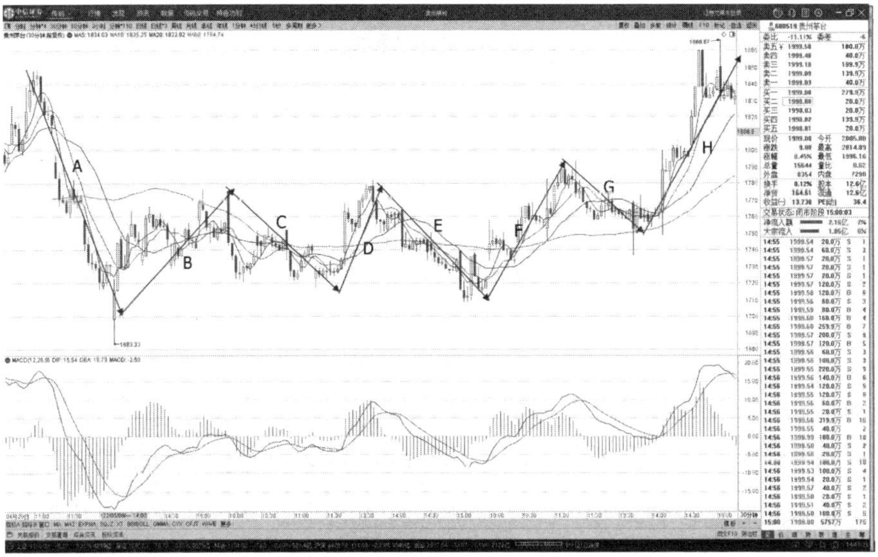

图 5–3　贵州茅台日线调整 30 分钟分解

如图 5–3 所示，30 分钟级别走势可以明显地分解为 A、B、C、D、E 五段走势。E 段走势后，F 段走势形成一波上涨，随后经过 G 段的回调，正式开始一波上涨的走势。通过比较可以看到，日线对应 30 分钟级别分解比较合适，有利于提高交易的便利性。

分解段有效性说明

图 5-4　塑料（期货品种）30 分钟走势

如图 5-4 所示，B 段走势下方的 MACD 黄白线回抽接近零轴，构成第一段有效回调走势。D 段回抽触及 A 段最高点，构成第二段有效回调走势。走势形成两段有效走势并构造形成中枢后，出现大跌。这里可以有另一种分解模式，C 段作为向上离开中枢的走势段，出现了盘整背离，此时需要 A 段内部进行再分解。

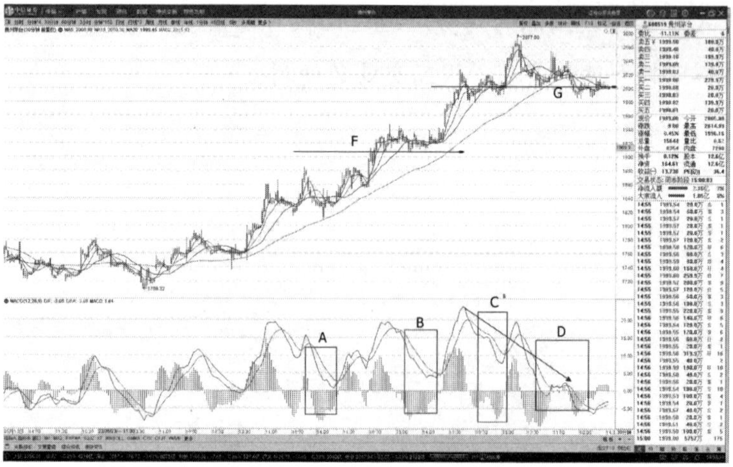

图 5-5　贵州茅台 30 分钟走势

如图 5-5 所示的贵州茅台的一波上涨走势中，ABC 处对应回调走势，从 MACD 黄白线看，每一次回拉都没能触及或者接近零轴，说明 ABC 三段走势较为强势，回调走势无效。D 段回调走势造成对应的 MACD 黄白线触及零轴，回调走势有效。

图 5-6　上证指数 60 分钟走势

如图 5-6 所示，上证指数的 60 分钟级别走势，在一波上涨中，B 处的调整造成了 MACD 黄白线触及零轴，说明 B 段的调整有效。这是行情发生变化的第一个信号。走势进行到 D 处再一次形成了有效的回调，MACD 黄白线触及零轴，同时股价回调低点触及了 A 段的高点，意味着 BCD 至少形成了一个 60 分钟级别的中枢。经过两次有效回调形成 60 分钟中枢后，阶段性行情见顶。

第六章 | 实盘交易案例过程分析

股市实盘交易案例解析

（1）上海机场实盘交易过程

图 6-1 上海机场日线调整

如图 6-1 所示，个股的买入日期是 2022 年 6 月 17 日，买入价格 47.73 元。买入过程如下：2022 年 6 月 1 日开始上海机场日线级别的走势进入 E 段走势的形成阶段。在之前，日线已经形成图中 A、B、C、D 段走势，其中 BCD 段构成日线中枢。E 段走势向下离开 BCD 中枢，能量出现衰减。注意，这里虽然没有创新低，但是从下方的 MACD 黄白线和柱子长度看，能量是背离的。所以，当走势进入 E 段构造时，就要引起高度重视。那么 E 段走势何时会结束？此时需要根据 E 段内部 30 分钟级别的分解走势进行判断。

图 6-2　上海机场日线调整 30 分钟级别分解

图 6-2 为对日线图中的 E 段走势进行 30 分钟级别的内部分解，可以看到与日线走势一致的构造。在启动上涨之前，形成 A、B、C、D、E 五段走势，其中 BCD 段形成了中枢。E 段向下离开此中枢，但出现能量背离，走势出现拐点。所以，当走势进入 30 分钟级别 E 段走势构造的时候，离上涨的时点已经越来越近了，继续对 30 分钟级别内的 E 段走势根据 4 分钟级别进一步地分解。

图 6-3　上海机场 30 分钟 E 段内部走势 4 分钟级别分解

图 6-3 为上海机场 30 分钟级别 E 段内部走势 4 分钟级别的走势分解。从中可以看到，如同日线、30 分钟级别一样，4 分钟内部同样可以分解为 A、B、C、D、E 五段走势，并且第五段走势也就是 E 段走势完成之后，上涨行情奇迹般地开始了。这不是巧合，这就是行情走势的规律。E 段走势完成后，同时 30 分钟级别形成阳 K 线底分型，在 2022 年 6 月 17 日下午两点钟，经过日线 E 段分解、30 分钟 E 段分解后，介入几乎是真正的低点（本轮调整的真正低点是股价 46.8 元时），随后行情开始了真正的拉升。

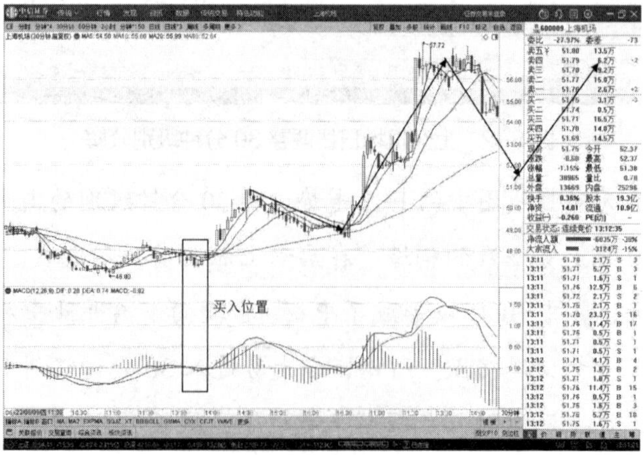

图 6-4　上海机场日线介入后 30 分钟上涨行情

如图 6–4 所示，2022 年 6 月 17 日买入后，紧接着 6 月 20 日（18 日、19 日为周末）股价走势高开，突破了 30 分钟的下跌中枢，走势发生了逆转，应该说介入成功了一半。走势突破后，于 22 日、23 日、24 日进行了 30 分钟级别的回调。此时回调仍然具有较大的不确定性，也有可能直接跌破买入位置。那么此时持有的依据是什么？主要是根据对回调的幅度和次级别向上走势力度的观察，既然这里 30 分钟有力地突破了前面的下跌中枢，那么必然还有一波向上走势，需要观察的就是 30 分钟级别走势回调的力度及回调后继续向上突破的力度。

图 6–5　上海机场日线介入后 30 分钟上涨中的调整分析

如图 6–5 所示，30 分钟突破后回调到 B 位置，刚好在前面高点获得支撑。同时，最重要的是图中 C 处的再一次突破和回调走势 D。我们看到，C 处走势再一次强力突破，但同时 D 处的调整也更加强势，其 MACD 黄白线穿越零轴，一个新的中枢 BCD 形成了，E 处反弹力度不够，不能突破 BCD 中枢。与此同时要注意，此波走势为日线级别，日线已经突破了前面中枢。此时虽然 30 分钟调整的幅度较大，但站在日线的角度，可以继续持有等待日线一波反弹走势的出现，再作出下一步的操作策略。

（2）海天味业实盘交易过程

图 6-6　海天味业 30 分钟调整介入位置分析

如图 6-6 所示，海天味业介入位置是 30 分钟的回调波段，介入时间 2022 年 6 月 13 日。从 30 分钟波段调整的角度看，介入的个股价格为 78.70 元，本轮 30 分钟调整的最低价为 77.65 元，非常精确。6 月 13 日走势的回调刚好在 6 月 1 日形成的高点处获得支撑，其具有的一个重要意义在于 30 分钟刚好没有形成中枢。因为如果形成中枢，那么随后 6 月 15 日出现的反弹走势如果出现能量的背离，则需要进行平仓。6 月 13 日尾盘介入后，走势在 14 日早上盘整 2 小时后，下午一点半左右开始拉升，并且拉升的力度较大。随后 6 月 16 日，走势进行了回调，但回调的力度较弱，这里判断的依据是 MACD 黄白线回调幅度较小，说明是强势回调，走势暂时无虑。随后走势再次进行调整，也就是 6 月 23 日、24 日，这次调整的幅度较大，实际上是一个警信。6 月 23 日的一波回调，形成 30 分钟级别的中枢，那么随后的走势就非常关键，如果不能有力突破这个中枢，那么走势势必再次回到中枢。这里我们可以看到，6 月 27 日的走势再次出现了强力的上攻，这时可继续持有，等待一波 30 分钟级别走势的回调，看其是否构成中枢。如果构成中枢，那么看其反弹是否力度足够大，在反弹力度出现背离的情况下需要先平仓。

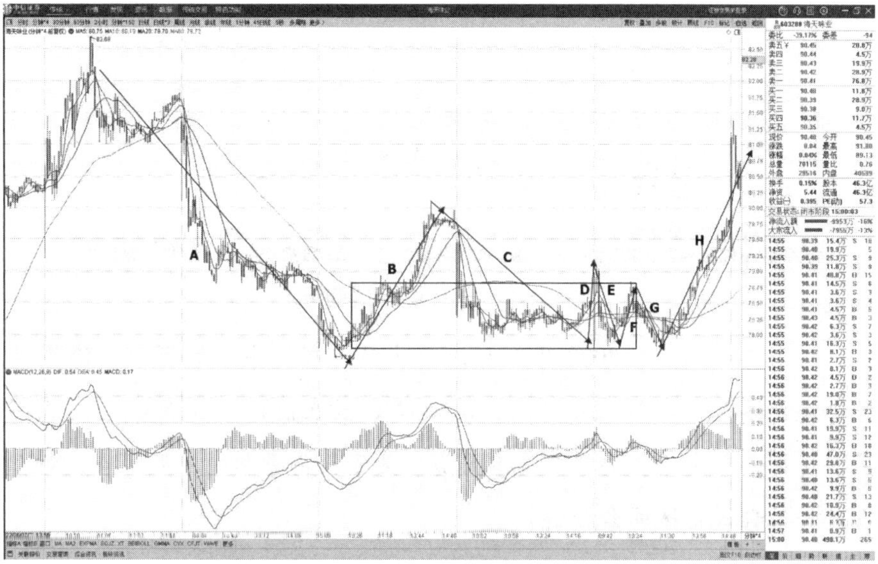

图 6–7　海天味业 30 分钟调整 4 分钟分解分析

图 6–7 为买入位置 30 分钟级别回调，内部 4 分钟级别分解走势。在形成 A、B、C、D、E 五段走势后，F 段的反弹没有突破 D 点。G 点继续回调，对应的能量出现衰竭，G 段回调是一个精确的买点。随后 H 段的走势突破了 4 分钟对应的下跌中枢，行情正式启动，4 分钟的分解为买点的精确化提供了参考。

（3）宁波银行实盘交易过程

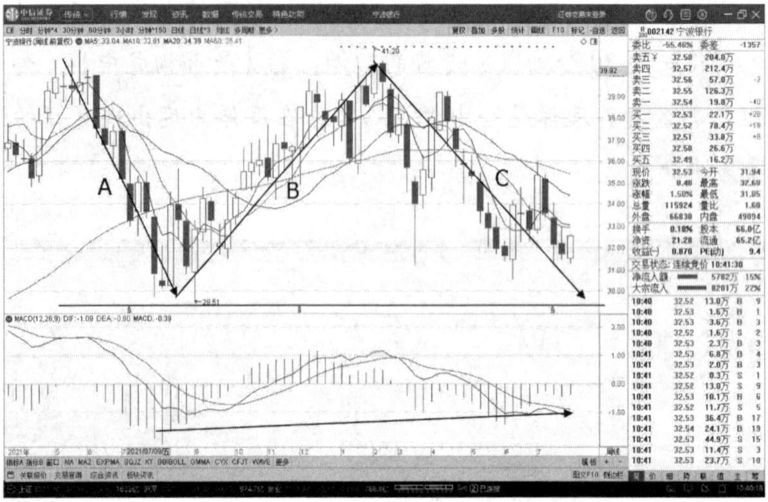

图 6-8　宁波银行周线调整

如图 6–8 所示，2022 年 7 月，宁波银行经过半年的调整，阶段性底部逐渐显现。从周线走势看，其回调 C 段在前期周线调整 A 段底部获得支撑，一个周线的底部基本形成。为了获得更加精确的买点，对 C 段走势内部进行区间套分解。

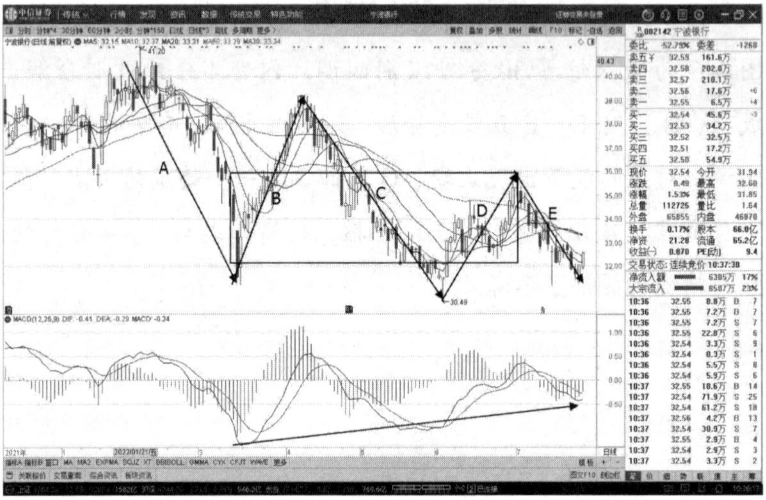

图 6-9　宁波银行周线 C 段调整内部日线分解

如图 6-9 所示，从周线 C 段内部日线分解的走势看，其形成了标准的 A-BCD-E 五段走势，BCD 构成日线中枢，E 段向下离开中枢，形成背离（MACD 黄白线相比 A、C 段下跌显著靠近零轴），E 段出现意味着日线波段的反弹逐渐临近。交易中，需要对日线 E 段内部再度进行分解。

图 6-10　宁波银行日线 E 段走势 30 分钟级别分解

如图 6-10 所示，日线 E 段内部 30 分钟级别的分解走势形成了标准的 A-BCD-E 五段走势，随即出现了 F 段的反弹走势。图中 A 段下跌延续的时间比较长，从 MACD 黄白线是否触及零轴的角度看，最终算作一段走势。B 段的反弹走势力度较大，随后 D 段的反弹走势也较大，其对应的 MACD 黄白线都触及了零轴，反弹段有效，BCD 构建了 30 分钟级别的中枢，E 段向下离开中枢形成背离走势。在实盘交易的过程中笔者对 30 分钟 E 段走势进行了 4 分钟级别的分解。

图 6-11　宁波银行 30 分钟级别 E 段走势 4 分钟级别分解

如图 6-11 所示，30 分钟级别 E 段内部 4 分钟级别的走势看起来稍显复杂，但在走势中仍然首先形成了中枢，随后走势向下离开中枢，形成背离并创造买点。笔者实盘买入的位置正是 G 位置，原理与前面说明的一样，F 段向下离开 DEF 中枢出现了背离，G 位置介入后，走势突破了下跌的中枢，反弹行情开始。这里 G 点介入后也要做好介入不成功的打算，设定好退出的条件。

图 6-12　宁波银行 30 分钟介入后走势

如图 6–12 所示，介入后，30 分钟级别形成一波反弹走势，但是没有一鼓作气突破 A 处的阻力位，在阻力位处形成了几根小 K 线。对于后续走势的演化，需要结合 4 分钟级别进行综合判断，基于这里的走势还不能确定是否能继续突破 30 分钟的中枢。

图 6–13　宁波银行 30 分钟介入 4 分钟级别走势

如图 6 13 所示，从突破后 4 分钟级别的走势看，走势顺利突破 A、B 两个位置，同时 C 处的回调相对比较强势，此处暂时继续持有。后续的观察点是 4 分钟级别的中枢什么时候形成，能否有效突破最近的 30 分钟中枢、60 分钟中枢、日线中枢。走势向纵深演化的标志是对于高级别中枢的突破。在上涨的过程中，如果一直没有形成中枢，可以继续持有。下跌过程也是如此，只要还没有形成对应的中枢，就一直不能抄底，中枢是买入和卖出的唯一依据。

期货实盘交易案例分析

（1）沥青 2022 年 6 月 24—28 日实盘交易

图 6–14　沥青 30 分钟级别走势

如图 6–14 所示，6 月 14 日，沥青 30 分钟级别形成 E 段走势，至此 A、B、C、D、E 五段走势已经全部形成。其中 BCD 三段走势形成一个 30 分钟级别的中枢，E 段为向下离开此中枢的走势，可以看到 E 段走势对应的能量出现背离，意味着反弹的结构已经形成，随着 E 段走势的形成，反弹的走势随时可能展开。此时，将走势切换到 4 分钟级别，对 E 段走势内部进行分解，找到更精确的买点。

图 6-15　沥青 30 分钟级别走势 4 分钟级别分解

图 6-15 为对沥青 30 分钟级别的 E 段进行的 4 分钟级别走势分解。可以看到其内部也刚好形成 A、B、C、D、E 五段走势，随后走势发生逆转。其中 E 段向下离开 BCD 构成的中枢，能量出现背离，E 段形成后就构成了 30 分钟级别的做多买点。如果要更精确地确定买点，可以对 4 分钟级别的内部 E 段走势进行 1 分钟级别分解。在这里，笔者在 30 分钟阳 K 线形成后介入，也就是 6 月 24 日晚上十点半那根阳 K 线，介入价格为 4440 元，介入后 4 分钟级别的走势快速强力地突破了 E 段内部的 4 分钟级别中枢。介入成功后，主要观察 30 分钟的上涨段能不能突破最近的中枢。如果不能突破，则需要在 30 分钟上涨段内部形成 4 分钟的 A-BCD-E 结构后，进行平仓。

图 6-16　沥青 30 分钟级别上涨走势 4 分钟级别分解

图 6-16 为 4 分钟级别的上涨走势情况。A 段走势向上离开原 30 分钟级别中枢的 E 段走势，突破后连续形成了 BCD 三段走势，也就是形成了 4 分钟级别的中枢。可以看到，此时 30 分钟突破的走势段力度并不是非常大，没有有效突破原来的 30 分钟下跌中枢，所以当 4 分钟级别分解走势中形成 A、B、C、D 四段走势时，就需要非常警惕走势的演化。如果 E 段不能强力突破 BCD 这个中枢，就需要先平仓。实际走势是 E 段向上反弹走势无力，出现了显著的能量背离，笔者的多单仓位在 6 月 28 日进行了平仓处理。

图 6-17　沥青 30 分钟级别上涨走势末端分析

如图6–17所示，在A位置平仓后，走势又出现了一定幅度的反弹，但最终还是出现了B段走势的下跌。虽然有时候会出现平仓后继续上涨的情况，但对于当下的走势而言，卖出是必要的。对于期货交易而言，最重要的是按照交易体系进行交易，不能有任何侥幸的想法。交易的买卖规则应该是明确的，不应模棱两可。

（2）玉米2022年4月14—26日实盘交易

图6–18　玉米30分钟级别走势调整

如图6–18所示，2022年4月14日，玉米期货经过前期的下跌，形成了A、B、C、D、E五段走势。其中，BCD三段为30分钟级别的中枢。E段走势向下离开中枢，能量出现背离（注意，这里没有创新低，可以采取近似背离的模式进行处理），形成了显著买点。为了找到准确的买点需要对E段走势内部进行5分钟级别的分解。

图 6-19　玉米 30 分钟级别走势 E 段 5 分钟级别分解

如图 6-19 所示，这里 5 分钟级别的走势也呈现了 A-BCD-E 五段走势特征。其中 BCD 构成中枢，E 段向下离开中枢，并出现了能量的背离。所以，E 段走势完成后即形成了 30 分钟级别的买点。

图 6-20　玉米 30 分钟级别上涨走势

图 6-20 按照 30 分钟级别买入后，可以看到 30 分钟一段走势 A 强势突破了下跌的中枢。随后出现回调走势 B 段，B 段最低点不触及前高，所以此时继续持有，直到 C、D 两段走势形成，最后关键看 E 段的走势。图中所示 E 段的上涨走势从 MACD 黄白线看，背离比较显著。所以，E 段走势完成后需要进行平仓。30 分钟级别 E 段走势内部再根据 5 分钟级别进行分解。

图 6-21　玉米 30 分钟级别上涨走势 E 段 5 分钟级别分解

图 6-21 为玉米 30 分钟上涨 E 段内部的 5 分钟级别走势分解，其形成标准的 A、B、C、D、E 五段走势后，出现回调。其中 BCD 构成中枢，E 段向上离开中枢，出现顶背离，所以 E 段结束后形成了 30 分钟级别的卖点。图中 E 段反弹力度也比较大，现实中根据 G 段进行平仓也可以。

（3）豆粕 4 月 18—28 日实盘交易

图 6-22　豆粕 30 分钟级别底部走势

豆粕此波介入时间是 4 月 18 日，也就是图 6-22 中 E 段走势。在此之前，走势已经形成了 A、B、C、D 四段走势。其中，BCD 构成中枢，E 段走势向下离开中枢，能量出现背离，构成 30 分钟级别的买点。

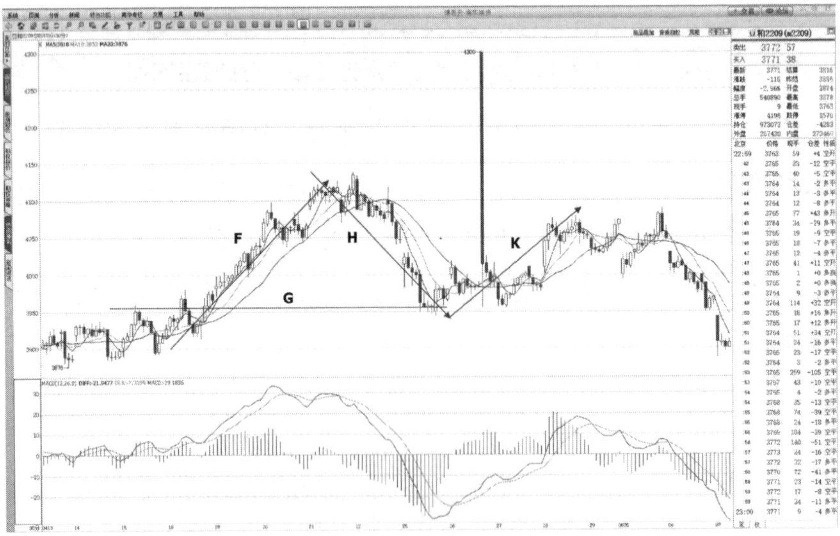

图 6-23　豆粕 30 分钟级别走势介入后上涨走势

如图 6-23 所示，介入后豆粕走势出现了一波上涨走势，突破了下跌中枢，这是可以继续持有的标志。随后出现了 H 段一波下跌走势，触及中枢高点，回调幅度较大。此时，如果次级别走势不能强力突破中枢（注意：因为 H 点已经触及前高，意味着形成了新中枢），则势必需要退出。可以看到随后的 K 段走势，已经不能突破 F 段高点，交易在 K 段末端进行了平仓。本次交易过程在 H 段的调整对于持有是一个较大的考验——上下 100 多个点。H 段的调整走势在前期低点获得了支撑，出现了反弹，最终在 K 段走势形成卖点。

（4）PTA 7 月 7—8 日实盘交易

图 6-24　PTA 30 分钟级别走势

如图 6-24 所示，PTA 期货次轮的介入时间是 7 月 7 日，平仓时间为 7 月 8 日，本次介入的时间较短，微利出仓。7 月 7 日之前，走势完成了 A、B、C、D、E 五段走势。其中，BCD 三段构成了 30 分钟级别的下跌中枢。E 段向下离开中枢，能量上形成了背离。所以，在 E 段走势完成的末端是 30 分钟级别做多的机会。对 E 段走势进行 5 分钟级别的分解以获得精确的介入机会。

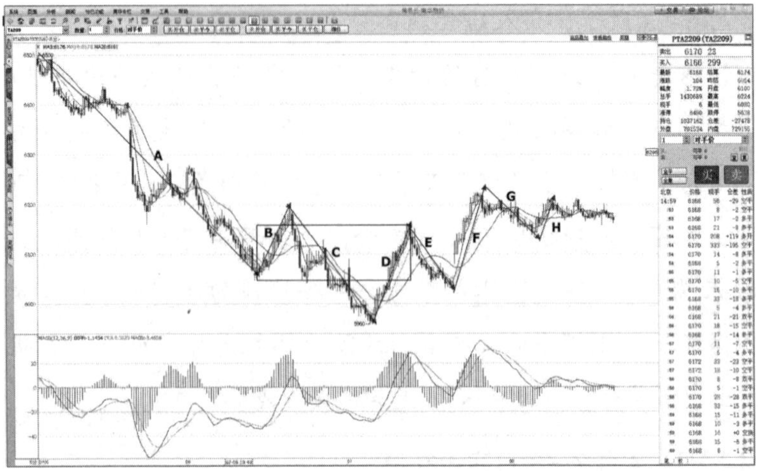

图 6-25 PTA 30 分钟级别走势 E 段 5 分钟级别分解

对 E 段走势内部进行分解，如图 6-25 所示。仔细观察走势，前面虽然已经有一段下跌和反弹波段，即 A 段走势，但直到 B 段的反弹，对应 MACD 黄白线才触及至零轴以上，表明此时的反弹才有足够的力度。随后又出现 C 段的回调走势和 D 段的反弹走势。当走势走到 D 位置时，意味着交易机会逐渐临近，因为此时 BCD 三段已经构成了一个中枢，E 段为向下离开中枢的走势。针对 E 段走势完成的判断，可以切换到 1 分钟级别，利用相同的模式进行分解。笔者根据 30 分钟 K 线特征进行买入，即 30 分钟出现底分型即买入。

买入后形成 F 段的上涨走势，此时需要密切跟踪走势，观察力度的变化。盘中显示，F 段走势后出现了 G 段走势，并且 G 段的低点触及了 D 段高点。同时，G 段的 MACD 黄白线触及零轴，此时 H 段的走势就变得非常关键，因为此时从 30 分钟级别走势看，已经形成了由 EFG 三段走势构成的中枢。H 段的走势如果不能突破此中枢，那么就需要进行平仓。如果能强力突破，则可以继续持有。实际行情中 H 段的强势走势没能延续，其主要表现即为 H 对应的 MACD 黄白线和柱子均较短，没能强力拉起，本轮实盘交易在 H 点走势完成后进行了平仓。此次交易虽然没有很大的盈利，但也可以算作一次成功的交易。

图 6-26　PTA 30 分钟级别后市走势

如图 6-26 所示，对于后市走势，我们可以做如此展望或假设：由于 F 段反弹走势不能触及 C 段走势的低点，所以这里 F 段的走势实际上是一个做空卖点。下一个做多位置出现在 I 位置，即要等待新的中枢形成之后，才有下一次交易机会。如果 F 段继续反弹，能够触及 C 段的低点，则 G 段也可能构成下一个 30 分钟级别的买点。

（5）铁矿石 7 月 13 日实盘交易

图 6-27　铁矿石 60 分钟级别走势

如图 6–27 所示，铁矿石 60 分钟级别走势从 2022 年 6 月 7 日开始调整一直持续到 7 月 8 日，此时从 60 分钟级别的角度，形成了一个标准的中枢 BCD。E 段开始之后对走势进行跟踪，主要观察 E 段走势内部 8 分钟级别中枢的形成情况。

图 6–28　铁矿石 60 分钟级别走势交易细节

如图 6–28 所示，当走势进行到图中 A 位置的时候，形成了一个带有下影线的阳 K 线，B 段继续形成了中阳线。B 处 K 线形成后，进行了一次操作，但是介入并没有成功，介入后，紧接着出现了 C 处的阴 K 线，此时执行了平仓交易。虽然后来进行小幅回调后出现了上涨走势，但这样的操作实际上仍然是必要的，尤其是期货，主要为了防范出现大幅度的反向下跌。对于期货交易，一般情况下，只要介入是成功的，那么走势就会出现与介入方向一致的快速变化，意味着走势会以很快的速度脱离中枢和成本区。

图 6-29　铁矿石 60 分钟级别走势上涨分析

如图 6–29 所示，前面平仓后，走势经过小幅回调便展开了 F 段的上涨走势。可以看到 F 段走势有力地突破了 D 段走势的高点，但尚未一口气突破 B 段的高点。对于此时的走势，交易的策略非常明确，主要观察 F 段上涨走势之后的回调走势。如果回调走势触及 D 段高点，之后的反弹不创新高，出现能量背离，则先退出来。如果一直上涨，未能形成 8 分钟或者 10 分钟的中枢，则一直持有，直到上方形成新的中枢。需要引起注意的是，走势能不能突破不需要去预测，这里的任何交易都不涉及对走势的“预测”，而是完全根据市场已经发生的事情（已经形成的走势）对其进行判断和推理，可以理解为是一种条件反射，这也是作为实践交易应该秉持的正确思路。

图 6–30　铁矿石 60 分钟级别走势介入后的走势分解

如图 6–30 所示，介入后铁矿石走势晚盘低开 13 个点（买一手相当于 1300 元），直接触及前面的高点即图中 C 位置，接下来的一波走势显得非常关键。回调走势触及前面高点是走势变弱的一个标志，如果再次向上不能突破前高点，则势必需要先退出来。现实中其反弹到达 B 位置，没能突破高点，说明多头力量非常小，需要先退出来观望。

实盘交易案例经验总结

（1）交易中要做好最坏打算

实际交易中切忌抱有侥幸心理，尤其对于杠杆交易，任何一次交易，都要设定好自己可以接受的止损位。在杠杆交易中，学会控制仓位和必要时的止损是生存的前提，初级交易者容易因为仓位控制不当而造成爆仓。

市场的运行经常会出现人们预期之外的极端行情，几百点下跌，容易对投资者造成巨大的心理压力和资金压力。一波上涨走势如果不能突破中枢，需要根据次级别走势退出，这种退出如果技术熟练，一般都能确保赚钱，无非是多赚少赚而已。

图 6-31　玉米期货止损说明

如图 6-31 所示 E 位置处，不能有效突破 BCD 构成的中枢，此时一定要先退出来，不然后面就形成了接近 150 多点的下跌，会造成非常大的损失。所以，实战尤其不能掉以轻心，所有介入都要做好出现一切可能走势的准备，除非资金量特别充足。

（2）交易核心理念与交易机会的把握

任何的介入和退出都只与最近的中枢有关，这是本交易体系的核心。

任何走势，如果连中枢都形成不了，说明做空做多的能量未尽。中枢的本质是人的心理轨迹，内涵则是“一鼓作气，再而衰，三而竭”的心理逻辑，是人的内心要求和对交易预期的反应。

不同的交易品种对交易技术体系具有不同的适应性，交易量较大的个股或者期货，其走势更容易形成一些经典的技术结构，也更容易为投资者所利用。相反，一些流通量很小的股票如期货中的苹果，由于持仓量比较小，盘子较小，较容易为资金所左右。

所以，可以优先选择总股本大、持仓量大、交易量大的股票或期货品种。一个极端的例子就是上涨指数的走势，有时候会显得很迟钝，因为参与者众多，但其走势一般都比较符合技术要求。实盘交易时尽量少碰盘子小的，多给自己留一点反应时间。

（3）把握可以把握的机会

市场上有很多机会，但不是每个机会我们都能把握住。在行情变化较快的时候，有些走势并不会像我们前述所分析的那样，出现A、B、C、D、E五段走势，有的极端情况下会出现一个5分钟的上涨顶背离，进而引发日线级别的调整。这在实践中都是会出现的。所以，一方面我们要严格按照已设定的交易体系进行操作，另一方面对于不是很标准的走势要做到放弃交易机会。

走势总是处于千变万化的演变交替过程中，没有一模一样的走势。所以，不管是技术交易还是价值投资，都需要对实践过程进行不断的复盘和总结，不断地熟悉走势的过程，熟能生巧。实时对走势做到心中有数，让交易根据既有的框架模型进行，这是我们从胜利走向胜利的保障。

第七章 如何发现并持有长线牛股

将前文的交易技术体系应用于周线层面，甚至月线层面，就可以做到在一个牛市行情的底端发现并介入，在持有增长 3~5 倍之后，平仓卖出。一般情况下，如果月线 MACD 黄白线下穿零轴，同时周线下跌中形成了中枢，在基本面有一定支撑的情况下，股价形成能涨几倍的概率就非常大了。

但这种机会一般只有在市场大跌之后才会出现，此时市场处于极度悲观之中，国家不断出台各种稳市场的措施，形成所谓的政策底。市场先觉资金悄悄吸纳筹码，开始建仓。随着介入市场资金量增大，相关指标抬升。在这里，根据周线 MACD 黄白线指标进行观察判断即可。随后周线中枢逐渐形成，市场中期见底。

在 MACD 技术指标体系中，中线和长线交易的条件构建如下：首先，在宏观框架下，月线 MACD 黄白线穿越零轴。此时市场风险已经得到极大释放，从经济周期角度看，目前股市处在衰退到复苏的周期过渡阶段。其次，在中观框架下，在月线下跌段中，其内部的周线分解出现了显著的 ABC 三段下跌。其中，B 段回调有力，使得其对应的 MACD 黄白线回抽零轴。最后，在微观框架下，周线 C 段下跌内部也最少形成 120 分钟级别的 ABC 三段走势。同样，这里的 B 段走势有力回抽零轴，C 段对 A 段形成背离。中线和长线投资交易条件设定见表 7–1。

表 7–1　中线和长线投资交易条件设定

条件要求	技术要点
宏观条件	月线 MACD 黄白线穿越零轴
中观条件	周线出现中枢
微观条件	周线离开中枢下跌段内部出现 120 分钟级别中枢

大盘指数底部和顶部走势特征

对于一轮真正的行情而言，其持续的时间往往是非常长的。在这个过程中，需要耐心持有并以周线的角度观察市场的走势，看其是否形成了中枢结构。对于任何股票而言，顶部的周线中枢往往都是一轮大幅度下跌行情的开始。反过来，底部的周线中枢往往意味着会形成多倍涨幅的买入做多机会。

周线级别的中枢反映了中长线资金的流动情况，是中长线资金的市场运行规律的外在表现，这对于进行中长线投资的布局具有重要的现实意义。所以，仅从这个角度看，学会和掌握以中枢为基础的交易体系，并将其置于周线模式之中，就等同于掌握了市场或者个股的宏观走势和交易的密码。

（1）2005 年大盘底部形成过程分析

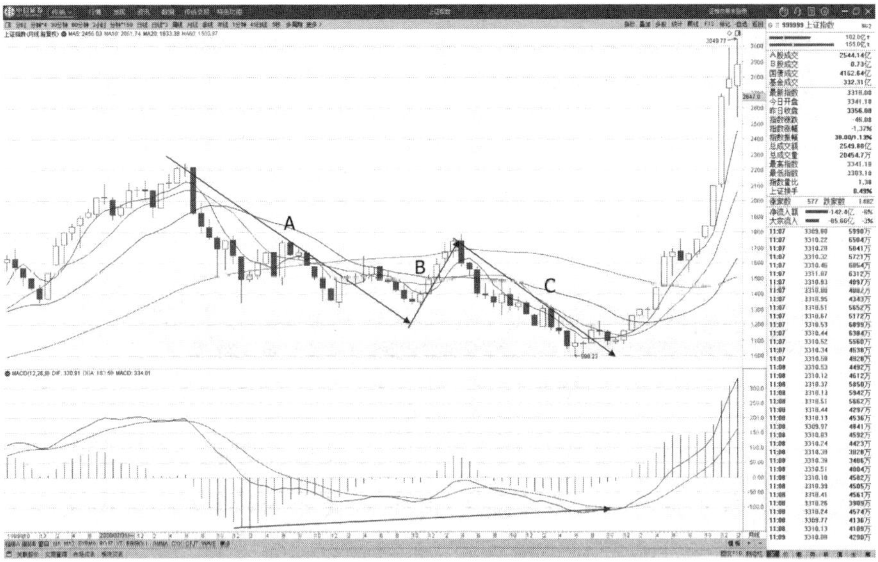

图 7-1　上证指数 2001—2005 年月线级别走势

如图 7-1 所示，从更大的级别看，走势均可表示为一个由 ABC 三段构成的中枢。例如图 7-1 上证指数 2001—2005 年的月线走势只有 ABC 三段。B 段回抽有力，造成 MACD 黄白线触及零轴，随后的 C 段形成了 998 点的历史低点。类似这种月线 ABC 下跌的机会比较少见，2005 年之后，再也没有出现显著的月线三段下的走势。2020 年 4 月的调整，类似于 2005 年的月线调整，但 2020 年月线的二次探底持续的时间非常短。所以，月线的机会是难得的，尤其是月线 MACD 黄白线下穿零轴后形成的交易机会，更是需要多年才能等到，一旦出现就必须好好珍惜。

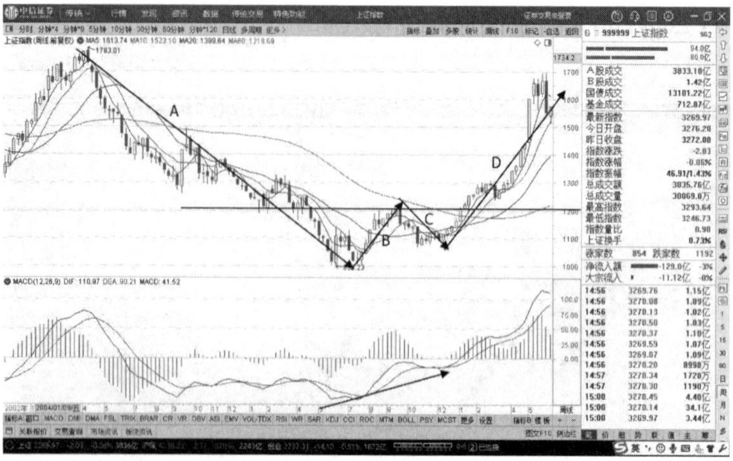

图 7–2　上证指数月线 C 段下跌内部周线级别分解

如图 7–2 所示，月线 C 段下跌内部从周线角度看，正好形成标准的 ABC 三段走势。从交易的角度看，C 段是介入的好机会。A 段下跌持续的时间比较长，B 段反弹有力，C 段回调获得支撑，不创新低。其中有一个细节：B 处的反弹触及了 A 段内部小反弹的低点，形成了不标准的周线中枢。这里是由于以周线段分解月线段走势，其倍数（4 倍，一根月线由四根周线构建）太小造成的。如果以 8 倍对月线 C 段内部进行分解，会形成标准的中枢结构。

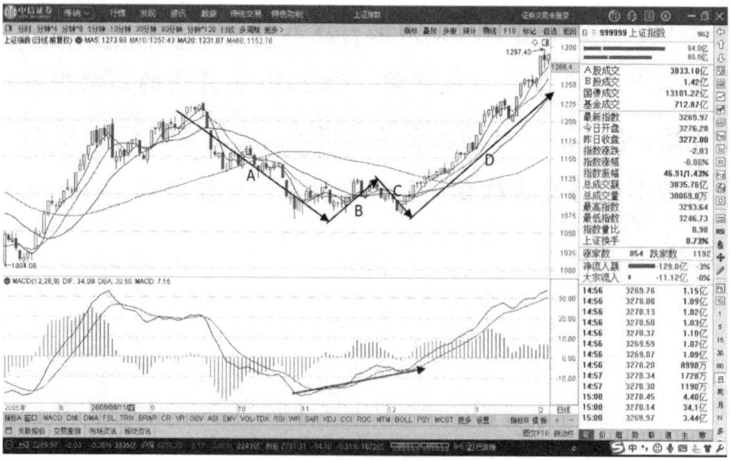

图 7–3　上证指数周线 C 段下跌内部日线级别分解

如图 7-3 所示，对周线 C 段内部进行日线级别的分解，可以看到其形成了 ABC 三段走势，也没有中枢结构出现，这也是由于分解的倍数太小造成的。如果用 120 分钟对周线 C 段进行分解，则会呈现标准的 A-BCD-E 五段走势。这里日线的 C 段成为上证指数多年调整后的最佳介入点。

（2）2007 年大盘顶部形成过程分析

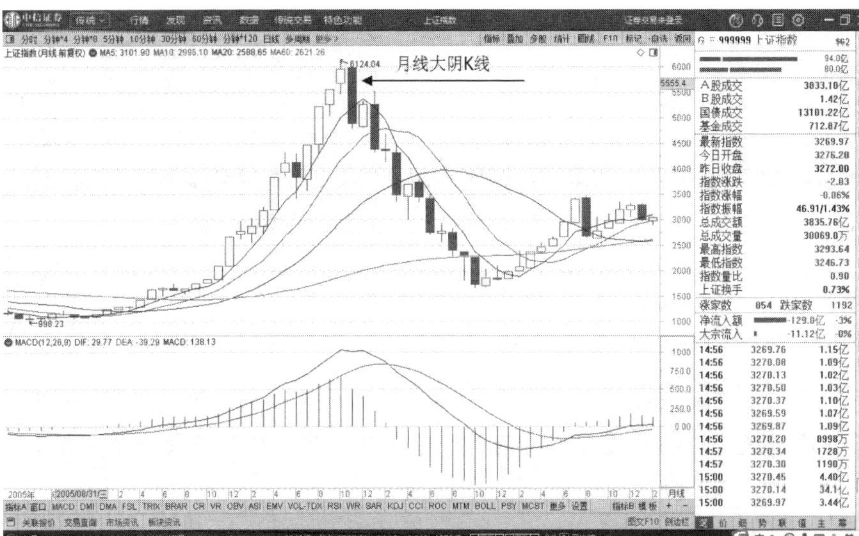

图 7-4　2007 年 11 月上证指数月线顶部分解

如图 7-4 所示，2007 年 11 月上证指数见顶，主要特征是形成了一根月线的大阴 K 线，构建形成顶分型，随后大盘开始连跌 12 个月。从月线的角度看，当走势运行在 MACD 零轴上方时，通过 K 线特征和其构造的分型即可判断顶部，但由于月线形成的时间较长，顶部判断会显得滞后。

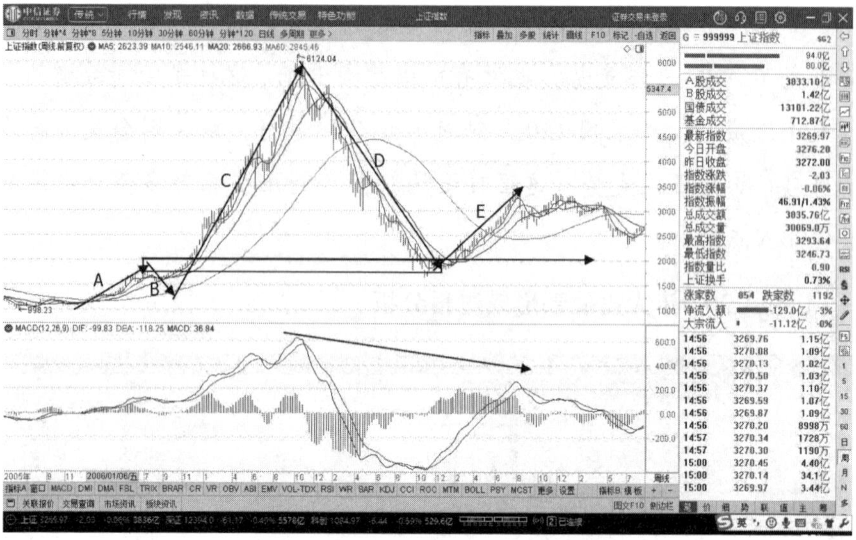

图 7-5　2007—2008 年上证指数周线中枢分解

如图 7-5 所示，从周线的角度看，C 段强势突破后，紧接着 D 段进行大调整，回调高点触及 A 段高点，形成周线中枢 BCD，E 段走势向上离开中枢，相比于C段对应的能量所限显著缩小。从这个意义上说，E 段是周线平仓的位置，但时间已经过去两年了，实际意义并不是很大。

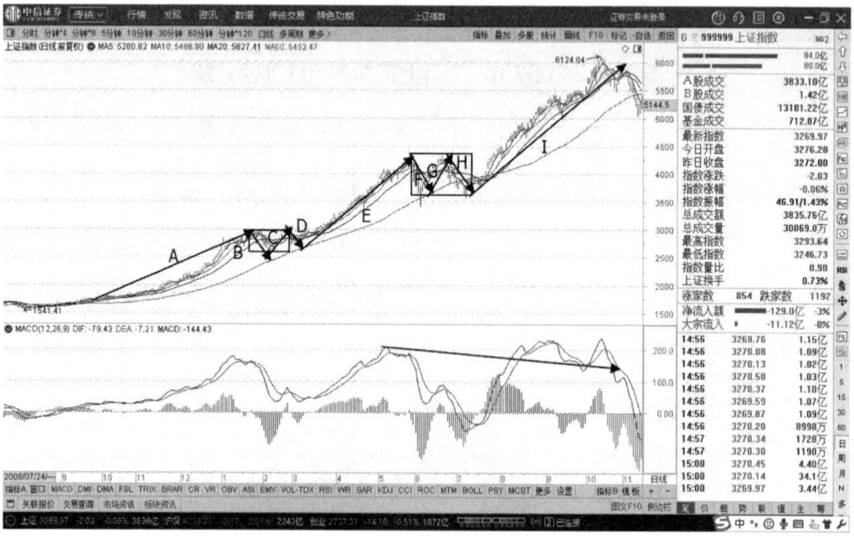

图 7-6　2007 年牛市行情中形成的 2 个日线中枢分解

如图 7-6 所示，从日线的角度，可以看到在 2007 年牛市行情上涨的过程中，形成 BCD、FGH 2 个日线中枢。I 段上涨能量出现背离，所以 I 段是 2007 年大行情的卖出点。一般情况下，2 个日线中枢的上移基本上预示着中期顶部的到来，对于其他个股也是如此。

（3）2014 年大盘底部形成过程分析

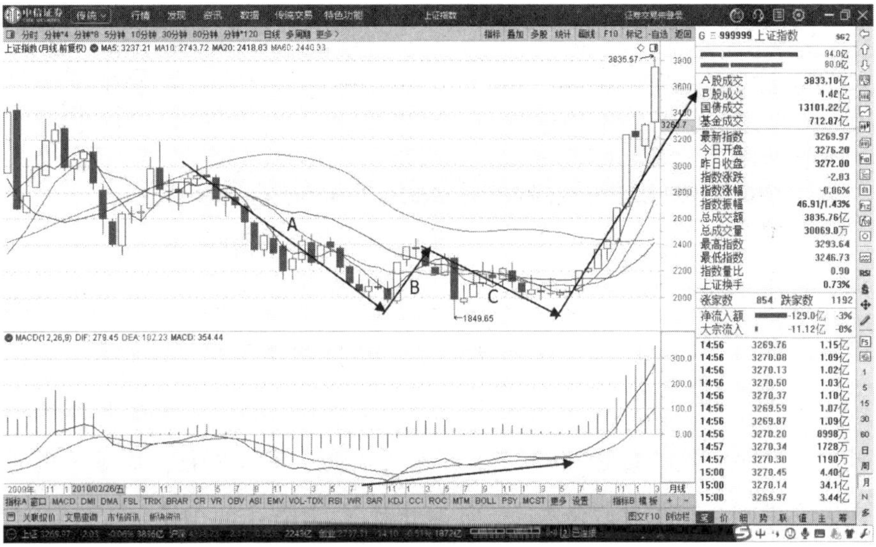

图 7-7　2014 年大盘底部调整月线走势分解

如图 7-7 所示，从月线的角度看，2014 年的市场大盘底部形成了 ABC 三段走势，A 段是月线第一波下跌，B 段出现了小幅度的反弹，C 段形成第二波下跌，并且形成了底背离。所以 C 段的下跌很关键，预示着一个中期的底部形成，牛市的基础框架构建完毕。

图 7-8　2011—2014 年上证指数筑底过程周线走势分解

如图 7-8 所示，2011—2014 年上证指数筑底过程中，周线上形成了 A、B、C、D、E、F、G 七段走势，BCD 构建了周线的中枢。E 段向下离开周线中枢，指数创新低，形成了背离，但下跌能量仍然相对较大，F 段反弹回到 BCD 中枢，G 段再次向下离开中枢，能量出现背离，形成一个非常好的介入点，随后出现了 2015 年的牛市行情。

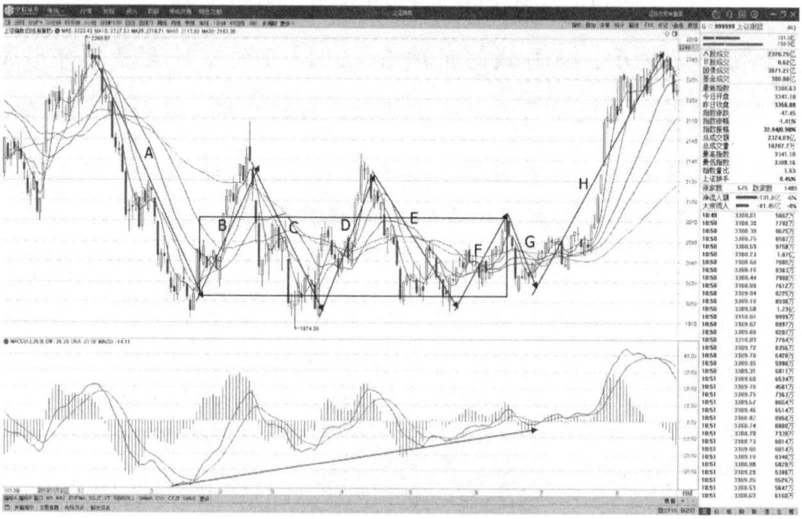

图 7-9　2014 年上证指数周线 G 段内部日线级别走势分解

如图 7-9 所示，对周线中的 G 段走势内部进行日线的分解，日线走势形成了 A、B、C、D、E、F、G 七段。其中，BCD 构成了日线的下跌中枢，E 段向下离开中枢，能量出现显著背离。从交易的角度看，E 段完成后可以介入。随后走势出现了 F 段的反弹和 G 段的回调，最后迎来 H 段的快速上涨，拉开了周线级别的行情。实际交易中，可以对日线的 E 段和 G 段走势内部再进行 30 分钟级别的分解，对 30 分钟级别内部 E 段进行 5 分钟级别的分解，将买点不断精确化。

（4）2015 年大盘顶部形成过程分析

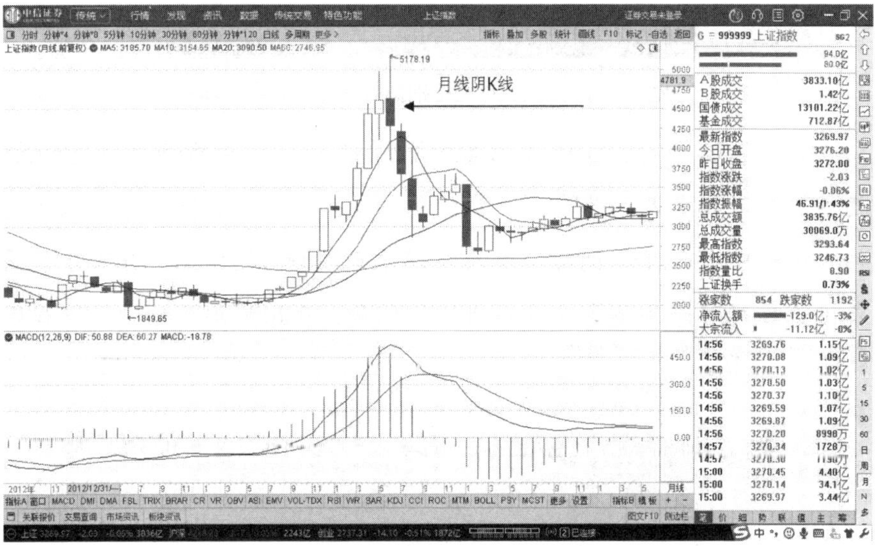

图 7-10 2015 年上证指数月线见顶情况分解

如图 7-10 所示，2015 年 6 月，上证指数在月线上形成了一根带有较长上下影线的阴 K 线，7 月形成了月线的顶分型，预示着中线顶部到来。在一波中长期的上涨过程中，月线出现阴 K 线，预示着行情基本见顶。

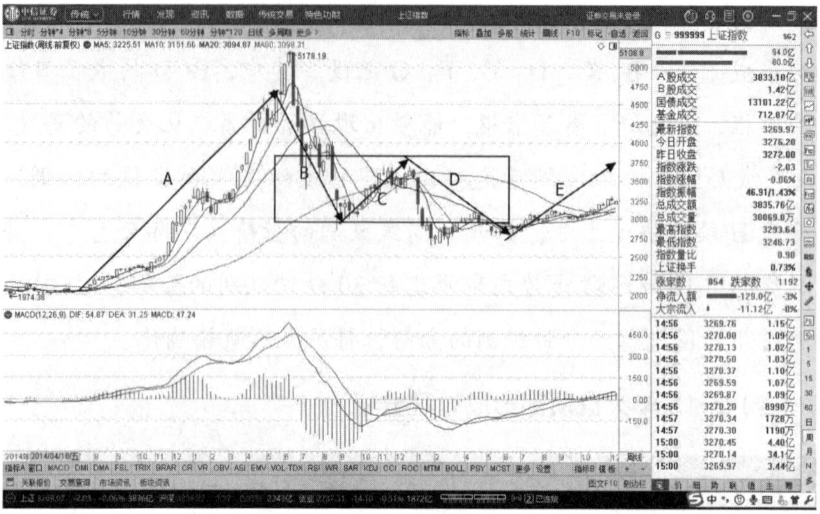

图 7-11　2015 年上证指数周线见顶情况分解

如图 7-11 所示，2015 年上涨指数形成牛市后，B 段为第一段回调，随后的 C 段是最后的平仓点。从中枢构建的角度看，D 段形成后才能构成中线中枢 BCD，随后的 E 段反弹才是理论上的卖点，此时距离高点过去已经有一年多了。从周线的角度看，在顶部形成中枢，往往比较滞后。

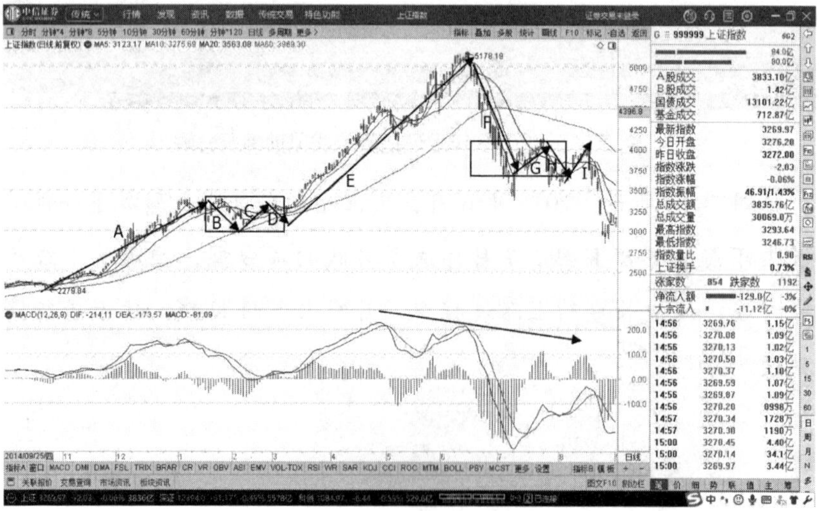

图 7-12　2015 年上证指数牛市行情日线分解

如图 7-12 所示，从日线的角度看，此时行情与 2007 年较类似，在整个上涨的过程中形成 BCD、FGH 2 个日线中枢，第二个中枢的走势非常弱，预示着中期顶部已经临近，I 反弹段是最后的卖出机会。

（5）2018 年大盘顶部形成过程分析

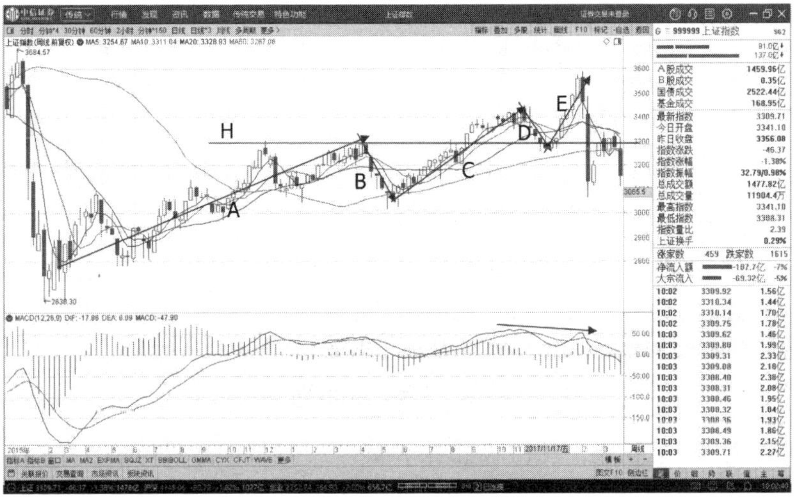

图 7-13　2018 年 2 月大盘周线顶部分析

如图 7-13 所示，上证指数 2018 年 2 月周线走势分析显示，E 段是最后的出逃机会。在此之前，B 段走势进行了回调。这是周线上涨过程中 MACD 黄白线第一次触及零轴，也是市场出现的第一次警讯。随后走势出现了 C 段的上涨走势，突破了 A 处的最高点。C 段走势完成之后，D 段出现再一次的回调，对应的 MACD 黄白线接近触及零轴。同时，D 处的回调低点触及 A 段最高点，证明了其回调力度较大，间接说明了 C 段的反弹走势力度较小。如果 C 段反弹的力度较大，那么 D 段的回调一般不会轻易触及 A 段的高点，所以这里是市场出现的第二次警讯，在临盘交易中这种情况需要引起足够重视。随后 E 段的走势等于是真正的诱空，市场最后的疯狂也拉开了行情暴跌的序幕。从 A 处的最高点 2017 年 4 月开始计算，到 2018 年 2 月真正见顶，此轮行情持续的时间为 10 个月左右。

（6）2019 年大盘底部形成过程分析

图 7-14　2019 年大盘月线底部分析

如图 7-14 所示，2019 年上证指数的底部，从月线的角度看形成了 ABC 三段，C 段是 B 段反弹后的回调，是行情最好的介入点。对月线 C 段走势内部进行周线级别的分解，以找到更精确的买点。

图 7-15　2019 年大盘月线底部 C 段周线分解

如图 7-15 所示，从月线 C 段内部周线的分解看，其形成了 A-BCD-E 五段走势，BCD 为周线中枢。E 段走势向下离开中枢，MACD 柱子面积缩小，形成背离，E 段是本轮行情的介入点。

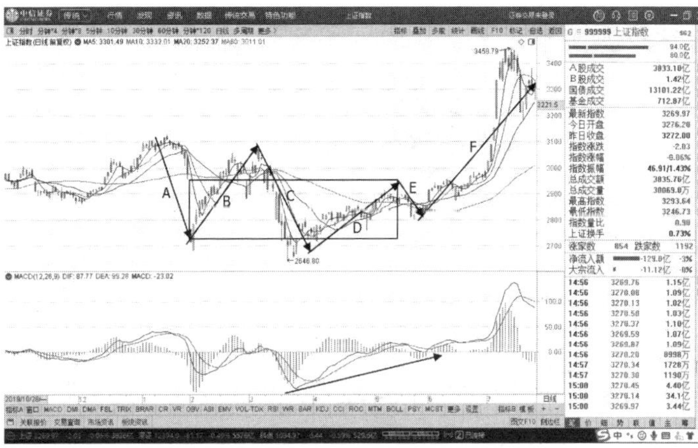

图 7-16　2019 年大盘周线 E 段日线分解

如图 7-16 所示，从周线 E 段内部日线分解的走势看，在行情真正启动之前，其形成了 A-BCD-E 五段走势，BCD 为日线中枢，E 为向下离开中枢段，构成最后的介入点。随后行情一飞冲天，形成 F 段上涨走势，拉开牛市行情。

（7）2021 年大盘顶部形成过程分析

图 7-17　2021 年顶部月线特征分析

如图 7–17 所示，从月线的情况看，本轮上涨走势在月线的大阴 K 线中结束。整个顶部形成了多个顶分型和底分型，多根阴 K 线，顶部持续的时间非常长，市场提供了很多的卖出机会。

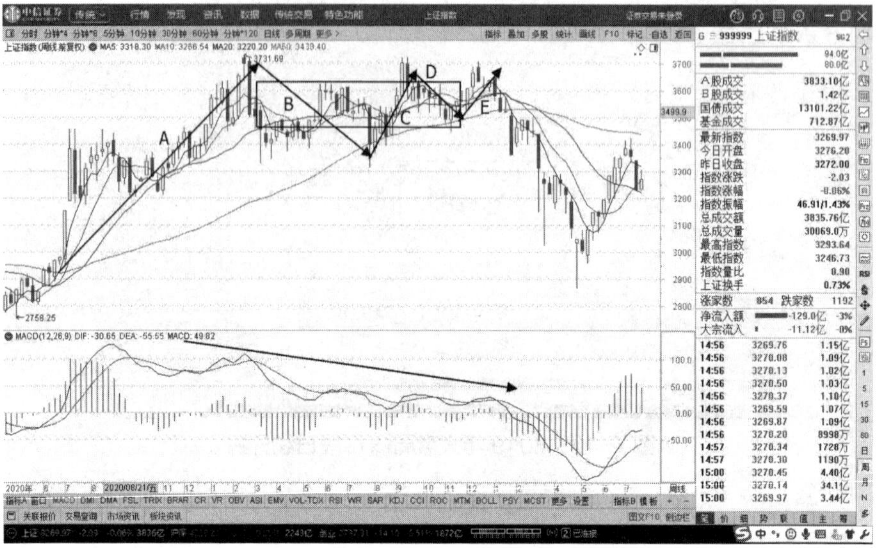

图 7–18　2021 年顶部周线中枢分析

如图 7–18 所示，2021 年的中线顶部构造与 2007 年、2015 年不一样。指数在顶部构造了相对比较标准的 BCD 周线中枢。E 段向上离开中枢，能量显著衰减，并出现背离，中期顶部明显，E 段是最后的卖出机会。实盘交易中，可以对 E 段内部进行 120 分钟级别的分解，以找到更精确的卖点。

长线牛股的抄底逃顶

长线牛股是走势形成后加以分析，投资者才知道它是长线牛股的。对于大部分投资者而言，长线牛股都是可遇而不可求的。但在现实交易中，一定有相当多的投资者买过很多长线牛股，出于种种原因，中间涨了 50% 或者 1 倍就卖出了。即使事先不知道所持股票会成为长线牛股，也需要在投资中秉持长线的交易理念，做到中长线持有。但对投资者而言，中长线持有不能是一句空话，也不能是抽象的，中长线如何持有，必须有一定的标准，否则就无法实践，探索解析中长线买卖技术模式正是本部分的重点。

（1）000661 长春高新 5 倍之路（2018—2021 年）

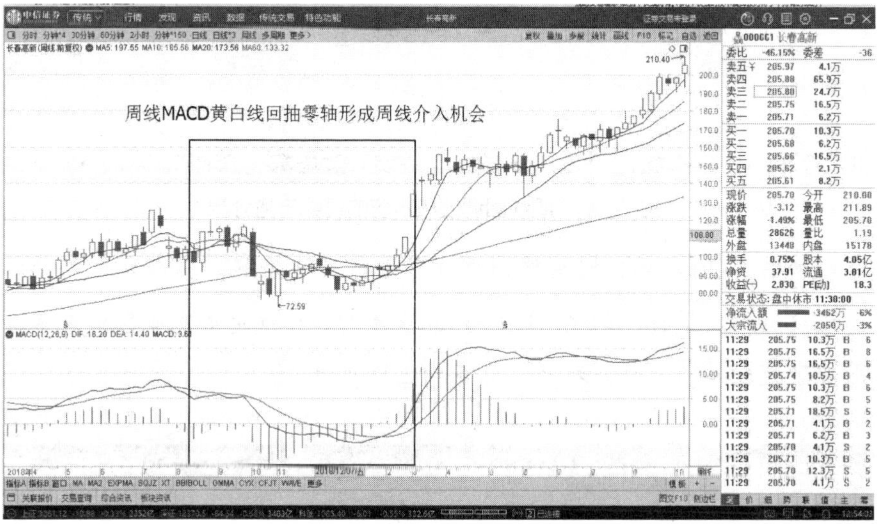

图 7-19　2018 年 12 月周线回调分析

如图 7-19 所示，2018 年下半年，长春高新周线出现调整，MACD 黄白线穿越零轴，回调低点高于前一波周线回调的低点，在周线上形成一个新的交易机会。为了确定精确买点，对周线回调波段进行日线级别的分解。

图 7-20　周线回调波段对应的日线走势分析

如图 7-20 所示，对周线回调波段进行日线分解，忽略 B 段内部的小波段，形成了标准的 A–BCD–E 五段走势，E 段走势完成后，走势就出现了大幅度的上涨，拉开了真正的上涨序幕。

图 7-21　长春高新 2021 年周线顶部走势分析

周线波段调整行情启动之后，一直持续到 2021 年，其顶部形成了两次冲顶——C 段、E 段，周线上形成了 BCD 中枢，意味着中期的大顶出现了，随后从 2021 年 4 月到 2022 年 6 月一直处在下跌之中，其股价从最高价 522.20 元每股跌到最低价 130.86 元每股，股价跌去 75%。作为一个典型的基金抱团股，相信也有部分基金未能在 A、C、D 三段上涨走势段内撤出。复盘其走势，可以看到市场提供了三次撤出的机会，分别是 A 段、C 段、E 段走势的末端，如图 7–21 所示，时间从 2020 年 8 月到 2021 年 5 月，将近 10 个月。根据本书的交易和分析模式，其在顶部构建了典型的周线中枢 BCD，E 段走势未能成功向上离开中枢形成了周线的背离，典型的中线见顶信号，也是最后的卖出基础。

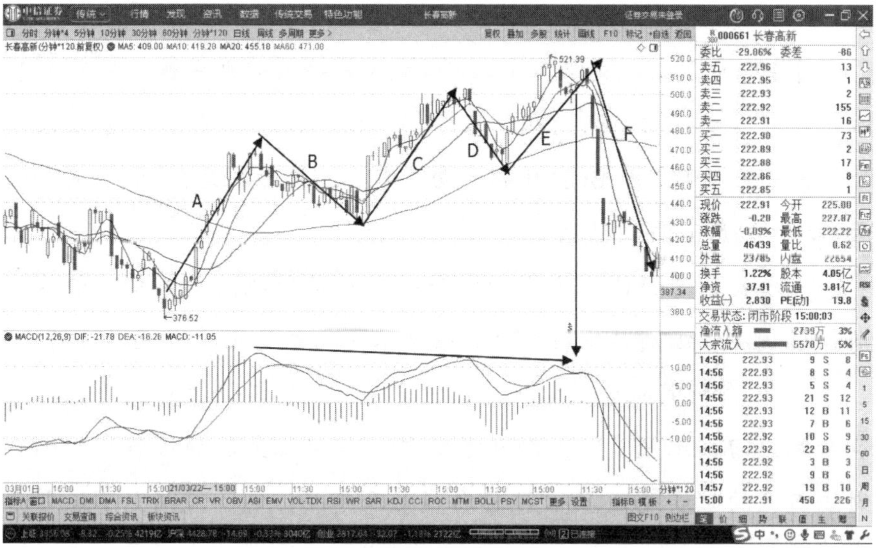

图 7–22　长春高新 2021 年周线顶部 E 段内部 120 分钟级别走势分解

对周线 E 段走势内部进行 120 分钟级别的分解，如图 7–22 所示。其走势形成了显著的 A、B、C、D、E 五段，其中 BCD 构成中枢，E 段向上离开中枢，出现显著的背离，随后进入真正的下跌趋势，E 段走势的最高价为 522.20 元，正是行情的最高价。

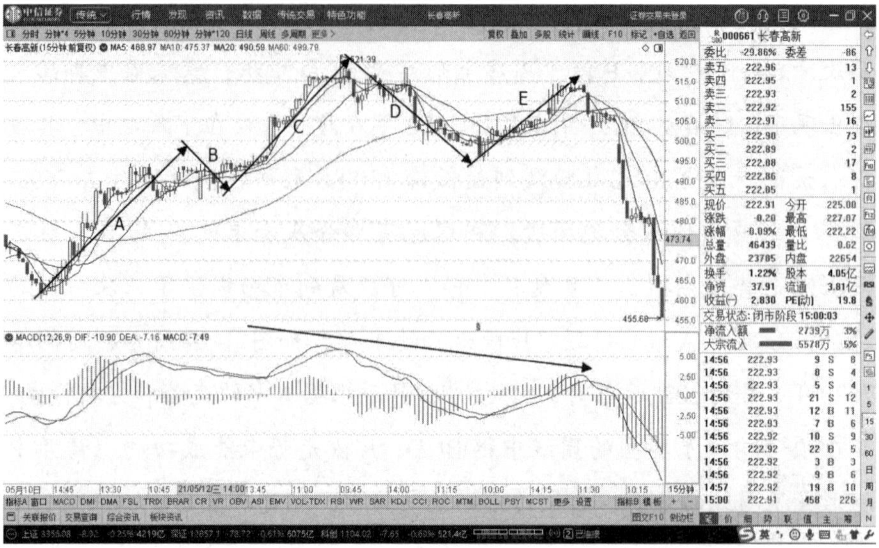

图 7–23 长春高新 2021 年 120 分钟级别 E 段内部 15 分钟级别走势分解

对 120 分钟级别走势的 E 段进行 15 分钟级别再分解，如图 7–23 所示。可以看到相同的规律：其内部形成了 A、B、C、D、E 五段走势，其中 E 段形成对 BCD 中枢的向上突破，并且出现了背离，走势随后出现大幅度下跌。

回顾长春高新此波上涨的过程，起点是周线波段回调，最后以顶部形成周线级别的中枢结束。从技术交易的角度看，投资者有 A、C、E 三段离场的机会，尤其是 C 段走势，观察其调整对应的 MACD 黄白线，回抽比较有力，触及了零轴。在中线上涨的过程中，如果周线回调的时候造成 MACD 黄白线触及零轴，再一波向上不能创新高，那么对于中线投资而言，可以考虑退出。对于任何股票，没有只涨不跌的，也没有只跌不涨的。长春高新的股价虽然较最高价跌去了 75%，但也意味着大的底部已经开始构建，耐心等待底部周线中枢形成即可。

（2）600519 贵州茅台 5 倍之路（2018—2021 年）

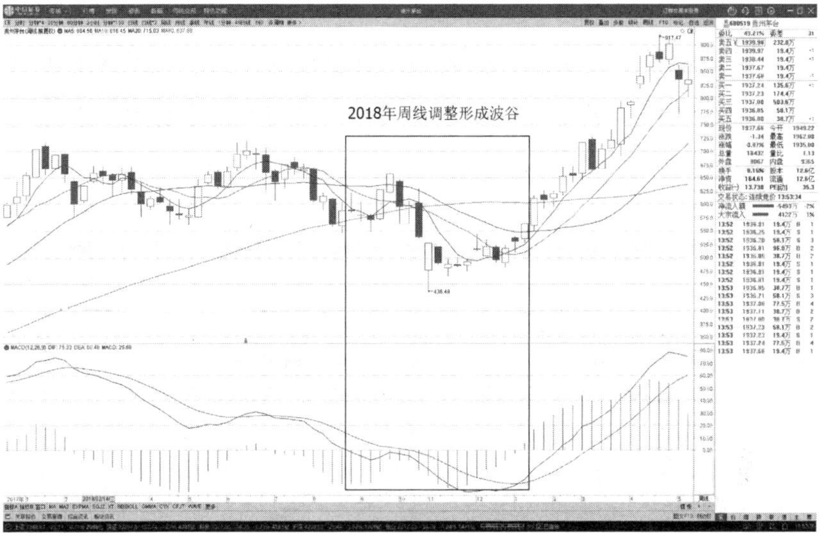

图 7-24　贵州茅台周线波段回调分析

2018 年贵州茅台出现周线回调，如图 7-24 所示，其 MACD 黄白线穿越零轴，在周线中创造了较好的交易机会。作为长线绩优股，每次波段回调，不破坏上涨趋势的情况下，皆是介入的好机会。

图 7-25　贵州茅台周线波段回调日线分解

对周线波谷进行日线级别的分解，如图 7–25 所示，从 A 段开始下跌，走势进行到 D 的时候，构建形成了第一个日线的中枢。E 段的走势向下离开中枢，下跌力度较大，没有形成底背离，继续等待 F 段反弹走势和 G 段回调的出现。DEF 构成新的日线中枢，G 段回调走势向下离开中枢，形成了显著的量能背离，周线介入的机会成熟。

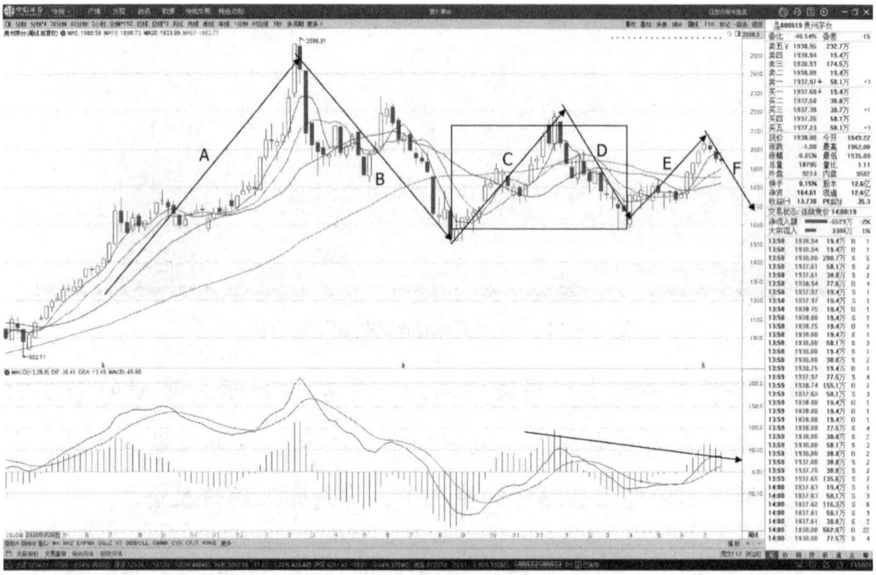

图 7–26　贵州茅台周线见顶走势

经过两年多的上涨，其在 2022 年 6 月形成阶段性的见顶，如图 7–26 所示，在顶部构建形成周线中枢 BCD。此后，E 段的走势不能突破 BCD 中枢，走势能量出现背离。对于中线交易而言，E 段是最终获利的机会。但这里还需要看到走势的另一面，即 E 段走势后面的 F 段走势的演化，如果 F 段走势向下离开 CDE 周线中枢形成背离，那么 F 段将成为新的周线介入的机会。

图 7-27　贵州茅台周线 C 段走势内部 120 分钟级别分解

周线 B 段的调整力度比较大，如图 7-27 所示，从周线的角度看，这是一个非常明显的警讯。在实际交易中，可以在其后的反弹 C 段卖出。对 C 段进行 120 分钟级别的分解，其内部 B 段走势回调力度较大，D 段回调触及 A 段高点，形成 BCD 中枢。E 段走势向上离开中枢，能量衰竭，E 段即为此 120 分钟中枢的准确卖点。

（3）002414 高德红外 10 倍之路（2018—2021 年）

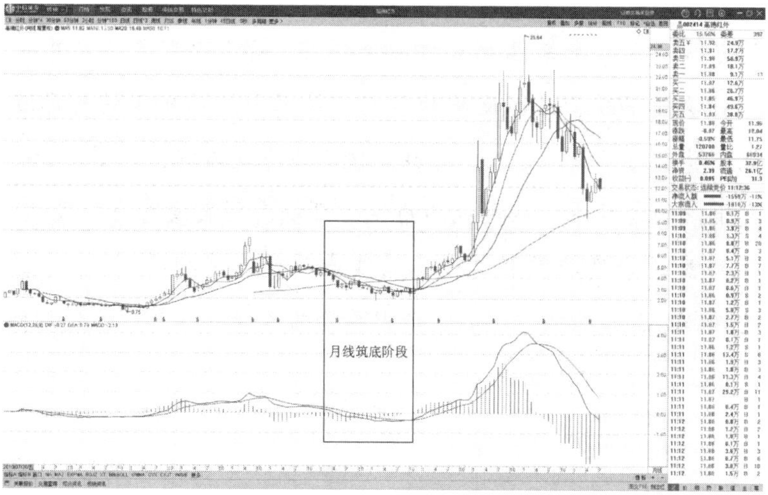

图 7-28　高德红外月线波段调整分析

如图 7–28 所示，高德红外下跌走势从 2015 年 5 月开始持续到 2018 年 10 月，总计三年多。经过长时间的调整，其月线 MACD 黄白线穿越了零轴，进入筑底阶段。月线进入筑底阶段后，主要观察其周线中枢什么时候形成。

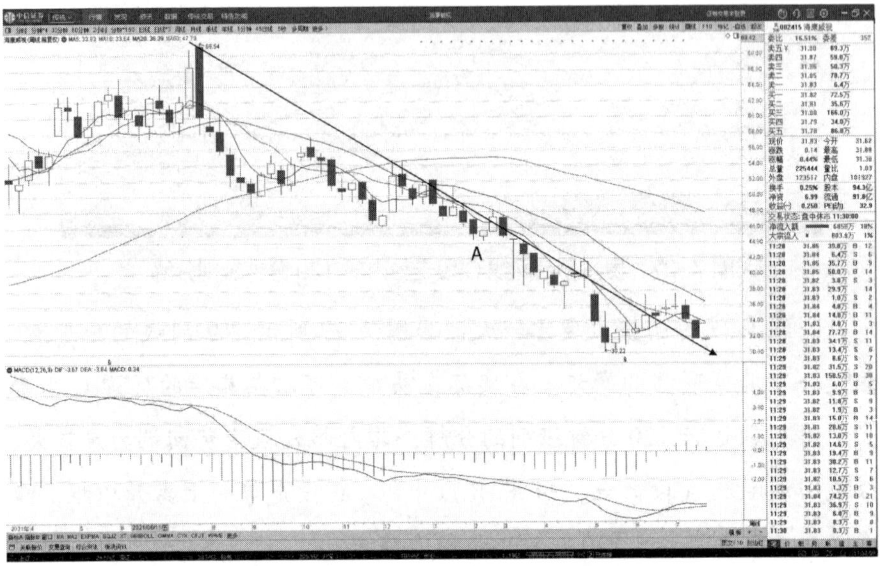

图 7–29　无大资金介入情况下的周线下跌波段分解

中枢的形成本质上是资金买入造成的，周线中枢与大资金、长线资金的介入对应。如果没有长线资金介入，那么个股在周线中一定是呈现一种缓慢下跌、无力反抗的状态。技术面显示出来的反弹波段本质上就是资金的买入轨迹，以海康威视周线下跌为例，如图 7–29 所示。在一波下跌的过程中，从周线的角度，可以看到其没有有力度的反弹，说明了买盘的力度非常弱。一旦周线出现两波有力反弹、三次探底，也就是 A–BCD–E 结构，那么一个中长期的底部基本就能够得到确认。

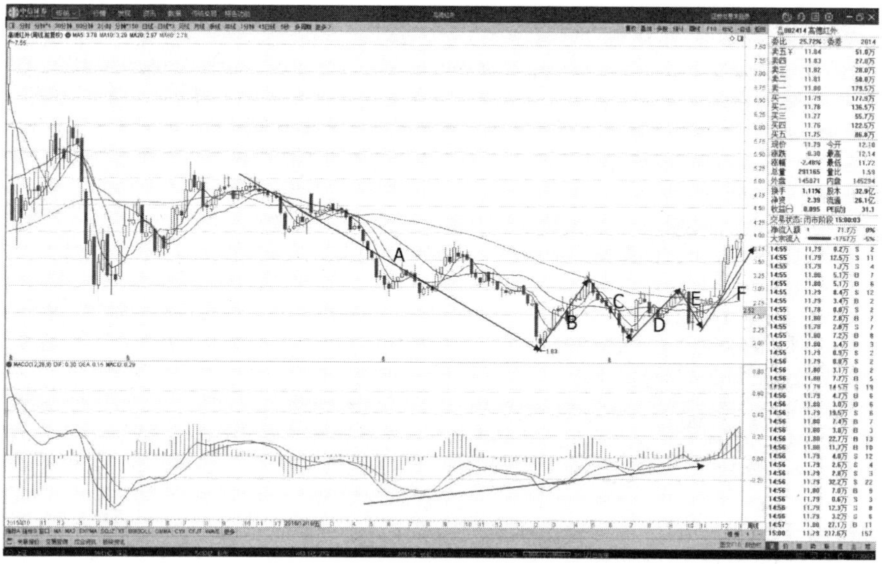

图 7-30　高德红外月线调整波段周线分解

从周线的技术条件看，其底部基本构造完成的标志便是周线级别中枢的形成。图 7-30 中 BCD 为周线中枢，仔细观察 A 段周线第一波下跌，其内部有一波反弹。这里可以计算在内，也可以不计算在内，对后面的交易不会产生本质的影响，这里分析不计算在内的。B 段反弹导致 MACD 黄白线第一次触及零轴，说明反弹的力度尚可，走势经过 C 段的回调之后继续形成 D 段的反弹，此时反弹的力度较 B 段的力度更大，其表现即是 MACD 黄白线小部分穿过了零轴。走势进行到此时，交易中就需要引起相当的重视了。对于 E 段走势，更是需要进行跟踪，一旦其内部 120 分钟级别的走势构建形成 120 分钟级别中枢就可以介入。为了找到更加精确的买点，减少前期持有时间，对 E 段向下离开中枢的走势进行进一步分解。

图 7-31　高德红外周线 E 段走势日线分解

图 7-31 为对周线 E 段走势内部进行日线级别的走势分解，其只呈现了 A、B、C 三段走势，并没有看到前述一直呈现的 A、B、C、D、E 五段走势，其原因是分解的倍数不够。对于有些个股而言，周线有五根日线有时候不足以分解出中枢结构。如果切换到 120 分钟级别的走势或者 60 分钟级别的走势则一定能够显示出中枢构造。分解级别的选择要因股而异。分解级别太大看不到中枢，不利于交易的判断；分解级别太小会出现信号的频繁，增加交易频次。一般情况下，日线利用 30 分钟级别分解比较合适，刚好是 8 的倍数。以此类推，120 分钟则利用 15 分钟级别进行分解。

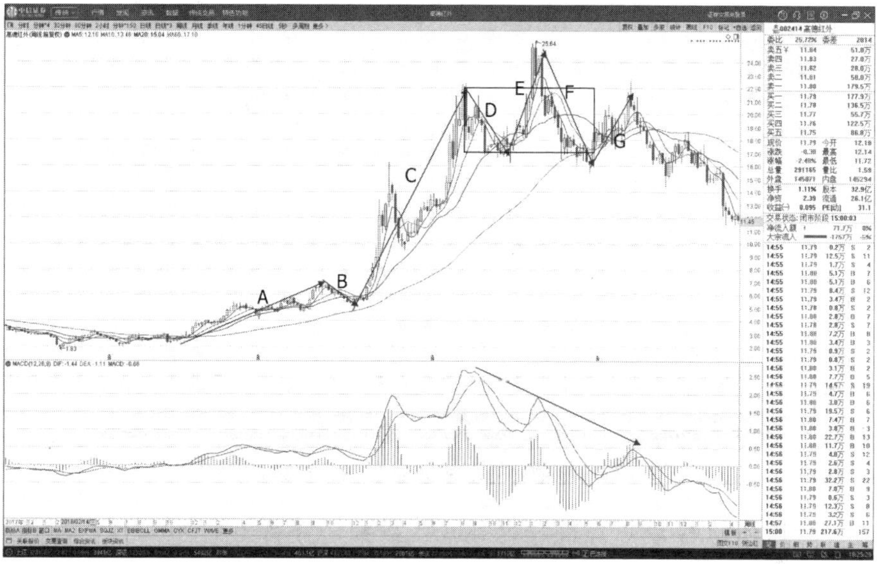

图 7-32　高德红外周线上涨走势

周线 E 段介入之后，出现了波澜壮阔的上涨走势（见图 7-32），通常情况下，只要突破力度比较大，那么第一段上涨可以放心持有，类似周线的行情，可以先大胆放几个月，真正需要引起关注的是周线回调之后的反弹走势。如果周线回调造成 MACD 黄白线触及零轴，随后的反弹又比较无力，即如图 7-32 所示的 G 段走势，此时需要在反弹的时候清仓。B 段走势之后出现了 C 段的强力上涨，此时可以放心继续持有。从中枢形成的角度看，即使 E 段上涨出现背离，但是中线的中枢仍然没有出现，可以继续持有。当 F 段走势出现的时候，就需要引起相当的警觉，其对应的 MACD 黄白线触及零轴，形成了周线中枢 DEF。G 段走势试图向上突破，但这一波相对于 C 段的走势，其突破力度已经小了很多。所以，G 段走势完成后必须及时出局。现实中，可以对 G 段走势进行 120 分钟或者日线级别的同模式分解，以此找到更加精确的买点。

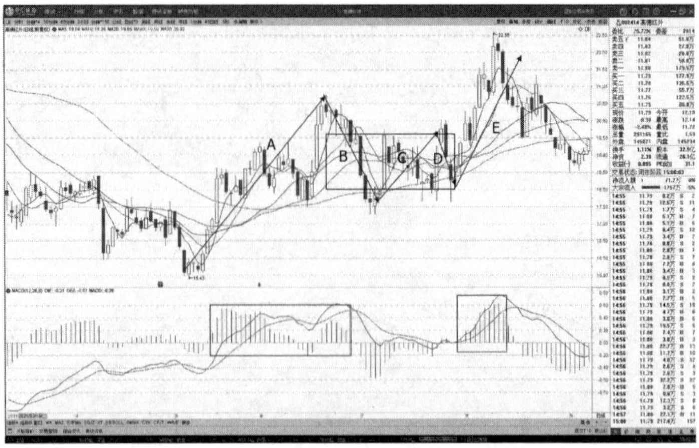

图 7-33　高德红外周线顶部 G 段日线级别分解

对周线的 G 段走势进行内部日线级别的分析（见图 7-33），走势分解为 A、B、C、D、E 五段，虽然 D 段走势并不是很显著。但其回抽也形成了 D 段对应的 MACD 黄白线回抽零轴，说明是有力度的。随后形成 E 段走势，E 段走势与 A 段走势比较，A 段的柱子面积大于 E 段的柱子面积，形成了一定的背离（不是非常显著），此时可以选择平仓。E 段走势能量相对仍然较大，如果 E 段没出局，则 E 段走势之后的反弹走势也是出局的机会。

（4）600893 航发动力的 4 倍之路

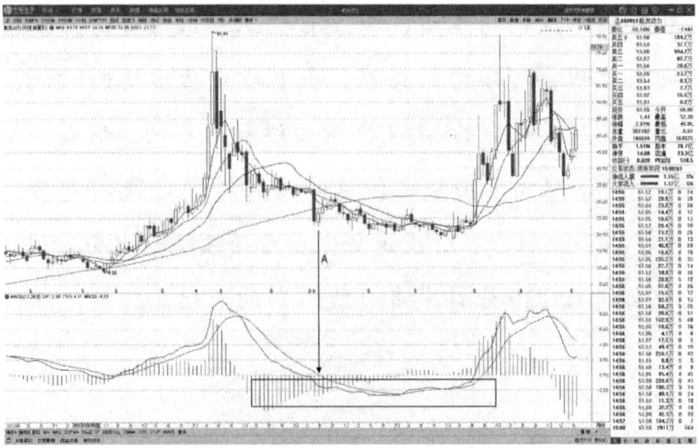

图 7-34　航发动力月线波段调整分析

如图 7–34 所示，从 2020 年 2 月 7 日见底的 18.67 元每股到 2021 年 1 月 15 日当周见顶的 80.5 元每股，航发动力涨了 4.3 倍，持续时间也将近一年。对航发动力这种国家级的战略产业，长期看基本面存在一定的支撑。类似个股还有同仁堂、上海家化、云南白药，这些个股虽然后期业绩增长缓慢，但因为有品牌价值和长期形成的特色主导产品，基本面具有长期的支撑。走势中出现月线 MACD 黄白线下穿零轴的情况，一般都是因为企业经营暂时遇到了困难，或者因为大盘环境不好，跟随下跌所致。例如上海家化 2014 年到 2019 年的大调整是由于公司内部控制权调整、新产品开发不力拖累业绩增长所致。有些企业即使遇到一些困难，但由于其提供的是消费刚需产品，具有市场价值，企业仍然能够盈利，只是盈利不足以支撑现有的股价，并不是企业真的不行了。这种股票如果出现月线 MACD 黄白线下穿零轴的情况，实际上是为市场提供了至少翻倍的机会。航发动力月线 MACD 黄白线出现下穿零轴的走势，说明市场在提供新的交易机会。如果贵州茅台、五粮液出现这种机会，那就应该做好在资金容许的情况下毫不犹豫介入的准备。

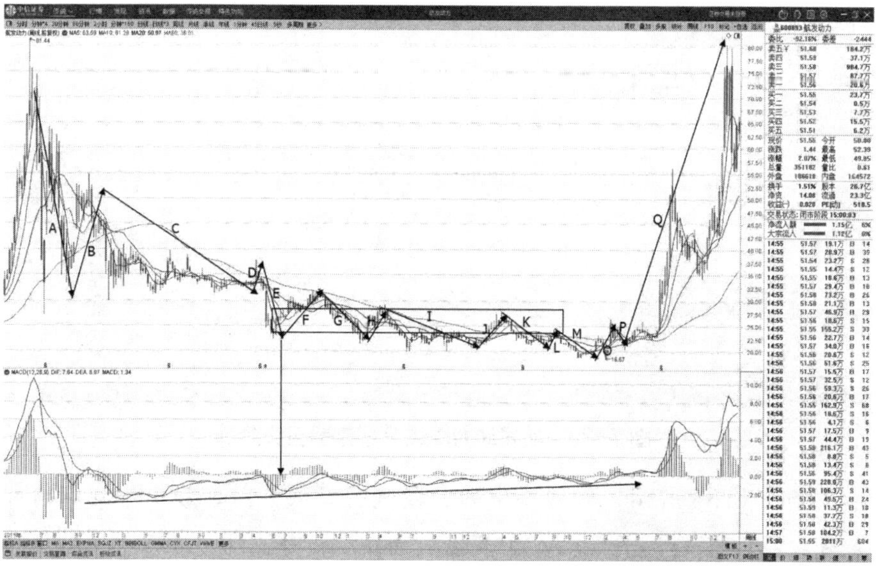

图 7–35　航发动力月线波段对应周线分解

图 7–35 显示，周线底部走势比较复杂。从 A 段下跌到 BCD 形成周线的中枢，再到 E 段向下离开中枢，并且出现背离，E 段即是一个介入的机会。但行情真正从 P 段调整结束出现 Q 段的上涨，从 E 段到 P 段，中间又经过了三年（从 2017 年 6 月 2 日到 2020 年 6 月 24 日），时间是漫长的，除非是有着非常坚定的信念和毅力，一般的投资者是耐不住这种等待的。从股价的角度看，E 段的最低价和 M 段的最低价基本一样。如果在 E 段最低价介入，至少能确保我们买在最低价，然后再等三年股价上涨，股价上涨持续一年，涨幅为 4.3 倍，在总计四年时间里赚 4 倍。再延伸一点，如果投入的是 250 万元，四年之内能涨到 1000 万元。前提是必须学会本书中提到的这套技术，并且能够克服人性的弱点。如果技术好一点，在从 E 段震荡到 P 段的过程中，能够做几次波段，还能把成本再降低一点。

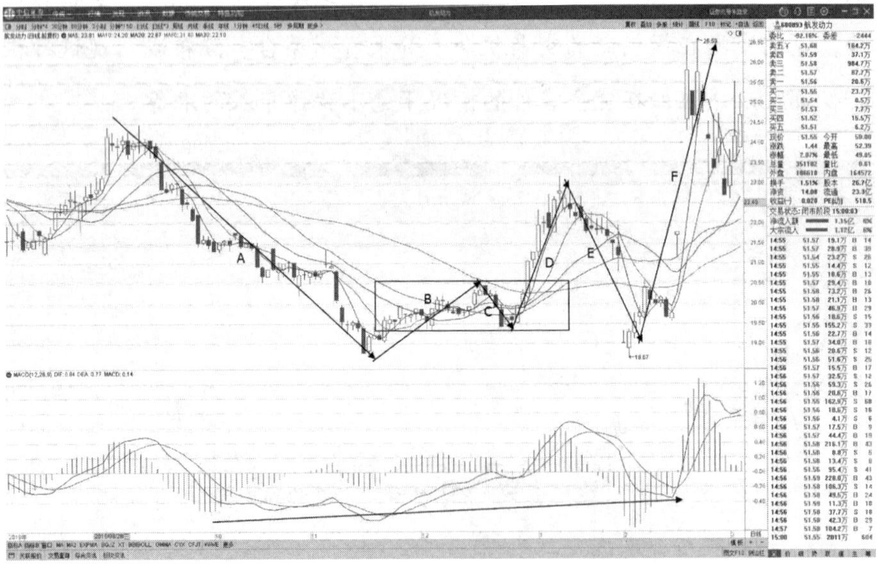

图 7–36　航发动力周线 P 段走势日线分解

如图 7–36 所示，对周线中的 P 段进行日线分解，可以看到其内部形成了 A、B、C、D、E 五段走势。其中，E 段向下离开 BCD 构建的中枢，创下历史新低，但随即出现了一波强有力的反弹走势，随后出现了波澜壮阔的一年4倍上涨走势。当然，在现实交易中，也许买不到日线走势中的E段，但有机会在C段购买，但A段购买是不允许的，因为不符合中枢的技术要求。在一个周线的机会中，日线第一波下跌是不允许购买的，至少要等到日线中枢形成之后的E段走势出现。

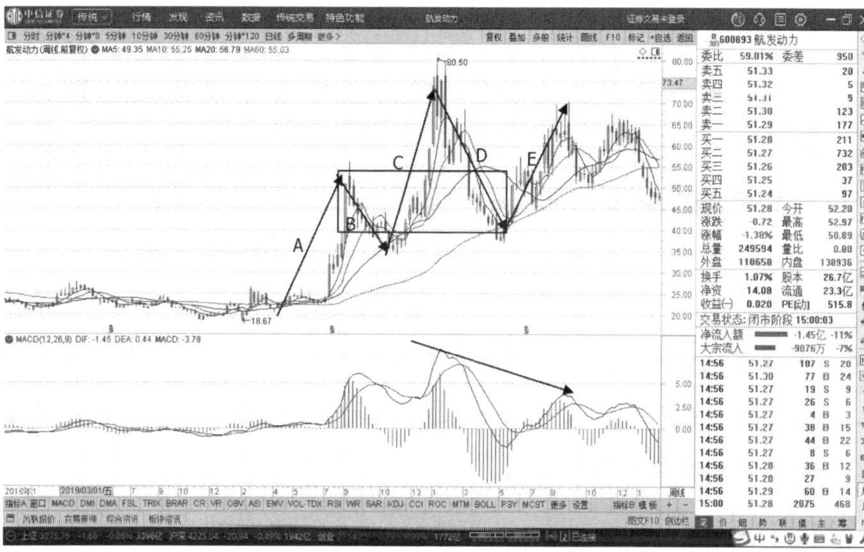

图 7-37 航发动力周线上涨波段分解

如图7-37所示，底部构建完成后，走势迎来了A段一波有力的上涨，经过B段回调后迎来了走势C段的上涨，此波上涨的力度比较大。但随后D段回调力度也比较大，造成D段对应的MACD黄白线触及零轴，中线投资警讯出现。随后E段的反弹走势成为周线卖出的最后机会。

图 7-38　航发动力周线上涨 E 段内部 120 分钟级别分解

如图 7-38 所示，航发动力周线上涨 E 段内部 120 分钟级别的分解走势形成了稍显不标准的 A-BCD-E 五段走势，其中 BCD 是 120 分钟级别的中枢，E 段走势向上离开中枢，能量出现显著背离，E 段是长线交易技术上的精确离场位置。

（5）000963 华东医药 3 倍之路

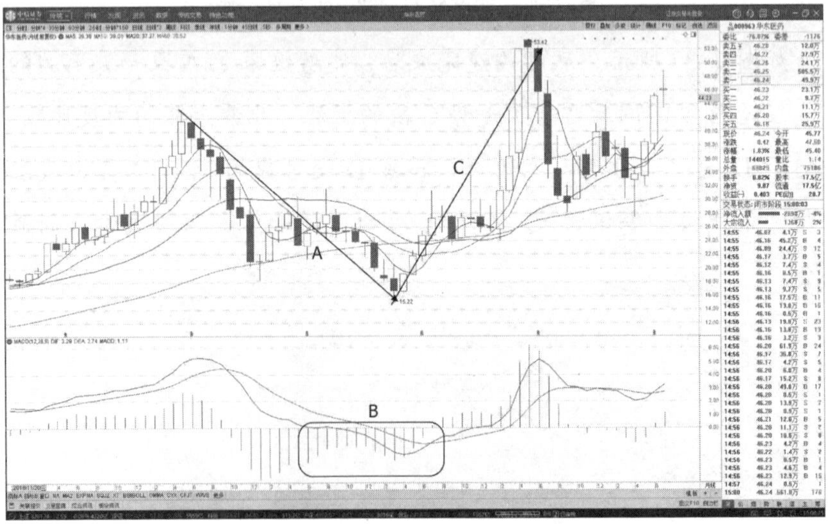

图 7-39　华东医药月线走势

如图 7–39 所示，2018—2019 年，华东医药受到集采失标、医保降价等不利因素影响，股价连续下跌了一年，下跌幅度超过 50%，股价从最高价 43.30 元每股跌到阶段最低价 15.22 元每股，在月线走势上，其对应的 MACD 黄白线下穿零轴。作为曾经医药行业的白马股，究竟有多大实质变化，这里不去细究。但投资者应该有一个基本的判断，即看病吃药是刚需，华东医药的基本面有一定的长期支撑，结合月线中的走势，此时应该引起重视。在实际交易的过程中，月线中的买点并不清晰，此时需要切换到周线级别走势中。

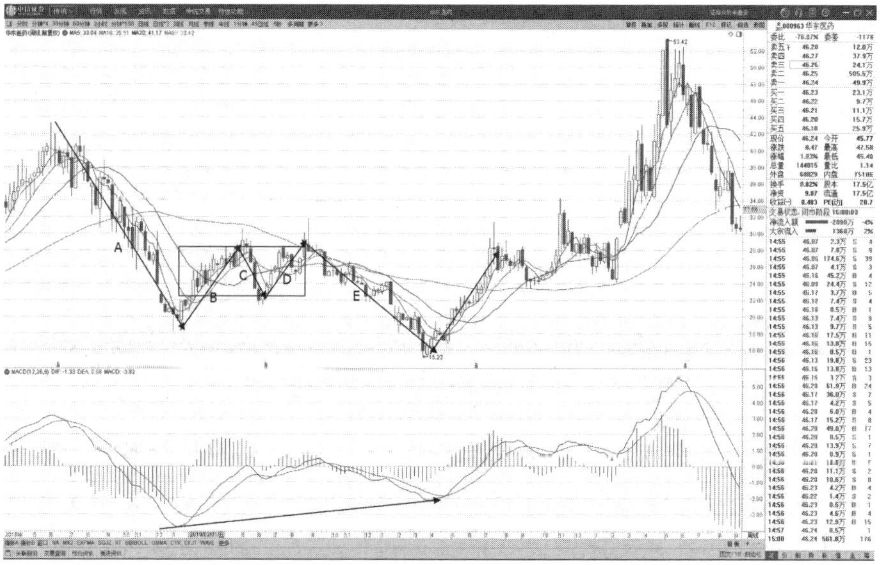

图 7–40　华东医药月线波段调整对应周线分解

如图 7–40 所示，通过对周线级别走势的分解，月线走势内部情况一目了然。在周线中，形成了标准的 A、B、C、D、E 五段走势，其中 BCD 为周线的中枢，E 段走势向下离开中枢。在月线 MACD 下穿零轴、周线形成中枢的情况下，可以认定走势已经进入最后的筑底阶段。

这里要认识到一个事实，即 B 段的反弹是大规模资金抄底造成的。正常情况下，如果没有大量资金介入，周线走势会呈现无抵抗的绵延下跌之势。就像一个水面平静的池塘，只有受到外力，比如石头扔下的时候才会起波澜，石头越大，波澜越大。市场中的走势也是如此，只有资金进入，走势才会出现波动。资金介入的强弱可以根据走势段对应的MACD黄白线回抽的力度进行判断。为了获得更加精确的买点，对周线E段进行日线级别的分解。

图7-41　华东医药周线E段走势对应日线分解

如图7–41所示，日线分解走势中，当走势进行到D段时，形成了一个不是非常规则的中枢BCD，但E段的下行走势力度太大，没有形成底背离。此时需要继续等待F段反弹走势的出现，并对其力度进行观察。F段形成有力反弹之后，G段走势回调能量显著萎缩。这里F段的反弹没有触及前面的中枢，这种情况的出现与分解级别有很大的关系。这里如果按照120分钟走势进行分解，那么E段内部会有一段反弹走势的MACD黄白线触及零轴，形成标准的120分钟级别的中枢。经过G段走势回调之后，真正的上涨走势启动。

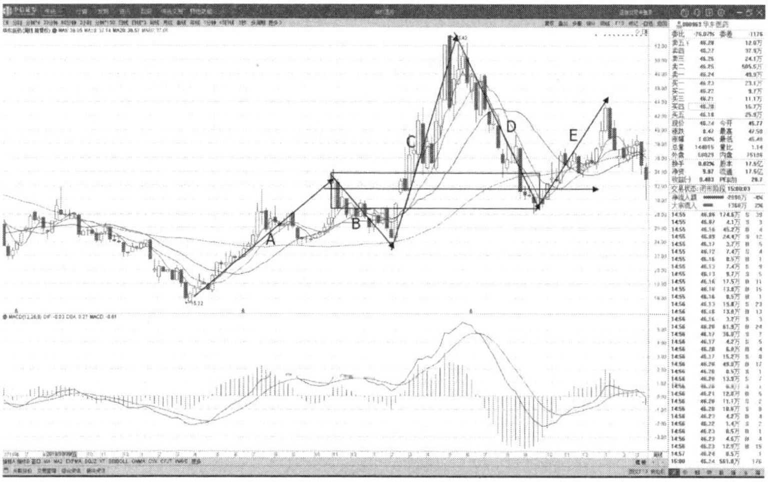

图 7-42　华东医药周线上涨走势分解

周线行情从 2020 年 9 月持续到 2021 年 5 月（最高峰时期），如图 7-42 中所示的 C 段走势。如果算上 D 段走势，则到 2022 年 1 月，总计一年半的时间。其中，B 段的回调幅度较大，从最高的 34 元每股跌到最低的 24 元每股，一般的投资者估计能被震荡出去，可见赚 3 倍的利润其实非常考验一般投资者的耐心。此时，如果没有一个合理有效的交易理念和系统作为支撑，那就很难一直持有。

图 7-43　华东医药周线 C 段上涨走势 120 分钟级别分解

对周线走势C段进行120分钟级别的分解，如图7–43所示，其内部由A、B、C、D、E、F、G几段有效的走势构成。其中BCD形成了120分钟级别的中枢。E段向上离开中枢，其力度较大，背离不显著。此时，可继续等待F段走势和其后G段走势的出现。这里F段走势的回调触及了A段的高点，回调力度较大，形成了中枢。F段的回调一方面触及了前高，另一方面造成了MACD黄白线显著回抽零轴，说明走势已经显著变弱。此时需要在G段反弹走势末端清仓，虽然不是在最高价，但也接近最高价。

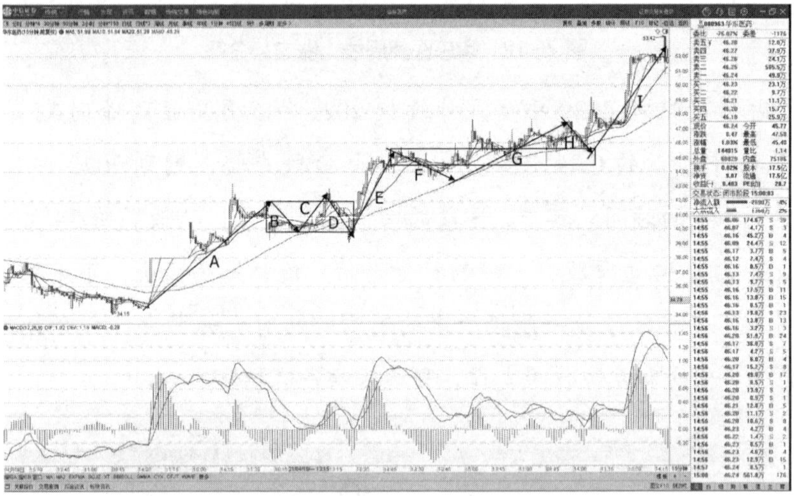

图7–44　华东医药120分钟级别走势E段15分钟级别分解

如图7–44所示，在120分钟级别E段的15分钟分解走势中，BCD形成中枢后，E段以一波有力的上涨突破了中枢。此时，因为15分钟E段走势没有出现背离，可以继续持有。随后，走势出现一个小波段的回调，但MACD黄白线没有触及零轴，表明了走势的相对强势。最后I段的走势又以一波强势的突破继续引领股价的上涨。从15分钟E段走势开始的一波上涨始终没有出现突破15分钟级别中枢后的背离，后续需等到一段有力的回抽形成15分钟级别的中枢，随后根据走势对中枢的突破情况决定卖点。

（6）000423 东阿阿胶的翻倍之路

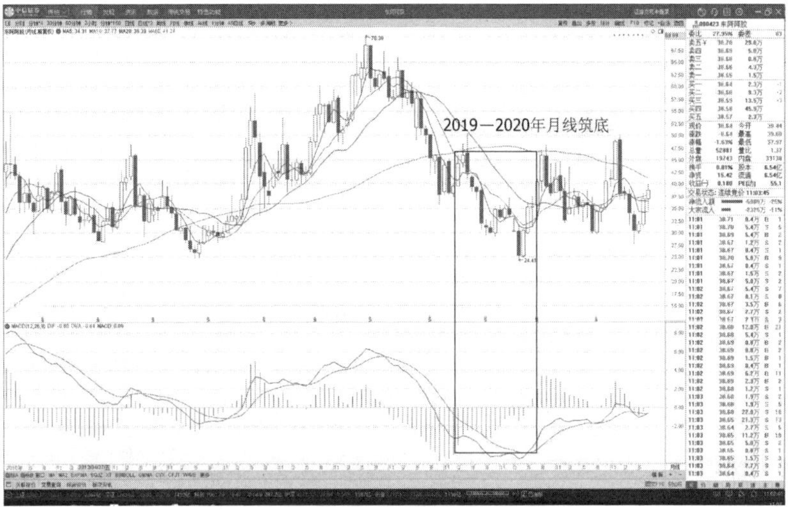

图 7-45　东阿阿胶月线波段调整分析

受到驴皮事件影响，东阿阿胶股价从 2017 年 6 月的 70.39 元每股跌到 2020 年 4 月的 24.41 元每股（见图 7-45），整整连续跌了三年。这种股票就没价值了吗？非也。没有只跌不涨的股票，东阿阿胶也不例外。即使没有投资价值，也有交易的价值。东阿阿胶的股价虽然跌去了将近 70%，但物极必反，随后东阿阿胶就迎来了翻倍的走势。站在技术的角度，可以看到 2019—2020 年，东阿阿胶的月线 MACD 黄白线穿越零轴，意味着逐渐进入具有交易价值的区域。阿胶制作作为国家级的非物质文化遗产，是中国传统文化的代表之一，阿胶产品仍具有一定的价值。类似的事件还有同仁堂发生的所谓的“蜂蜜门”事件等。即使发生了“黑天鹅”事件，投资者也要做到冷静理性地思考这些事件可能带来的影响。如果不会产生长期影响，那么这就是危机为投资者创造的交易机会。个股在遇到“黑天鹅”事件时，如果基本面仍然有一定的保障，那么投资者接下来便要考虑什么时候买入的问题。什么时候买入主要看主力资金什么时候入场，调整什么时候完成，这些从交易技术的角度都可以得到有效解决。

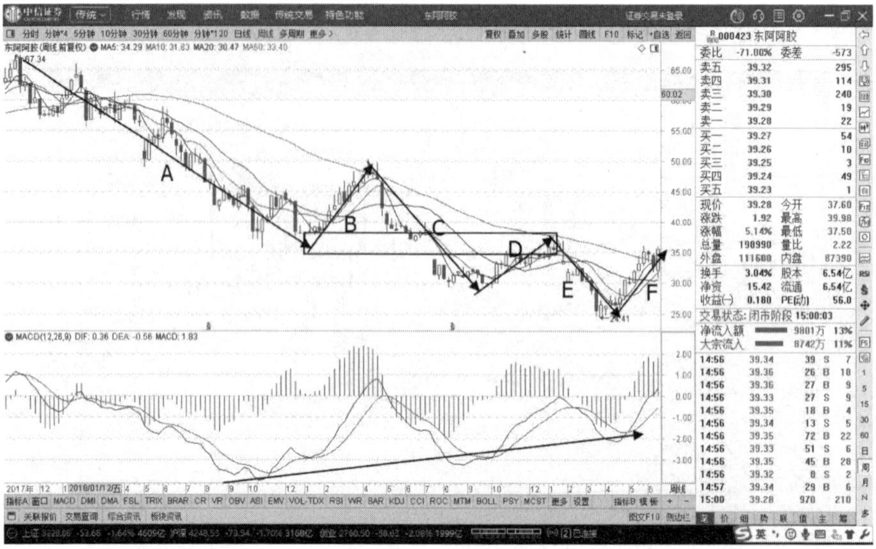

图 7-46　东阿阿胶月线调整波段周线分解

从周线走势看，如图 7-46 所示，经过整整三年的下跌之后，随着周线中枢 BCD 的构建完成，交易的机会逐渐成熟。E 段向下离开中枢，能量出现背离，标志着买点形成。B 段、D 段的周线反弹走势力度均较大，意味着建仓的资金比较多。

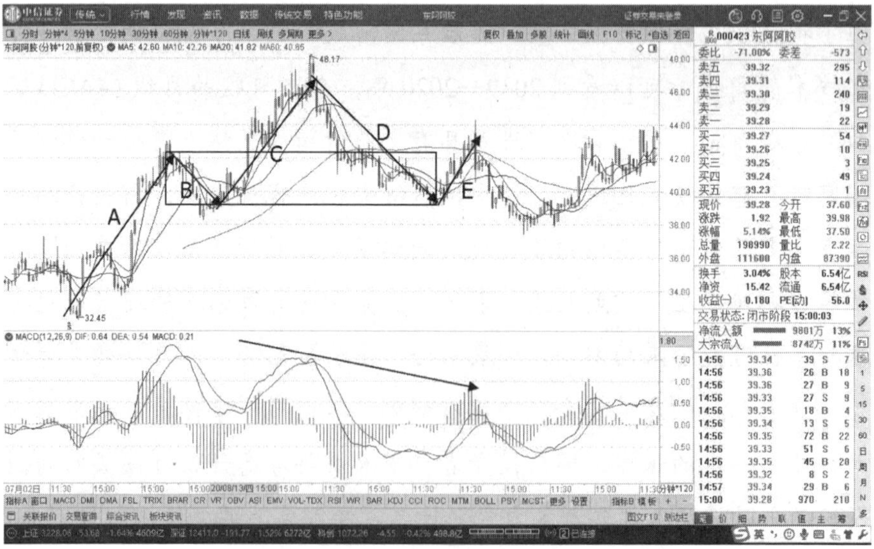

图 7-47　东阿阿胶周线上涨行情 120 分钟级别分解

对周线 E 段进行 120 分钟级别的分解介入后，走势随后展开了中线上涨行情。如图 7–47 所示，第一波 A 段走势上涨的力度比较大，向上突破了中枢，B 段回调没有触及前高，此时可以继续大胆持有。D 段回调走势触及了 A 段的高点，意味着一个 120 分钟级别的中枢形成了。E 段反弹走势如果不能强力突破中枢，需要执行平仓的操作。这里 E 段反弹走势较弱，周线的持有到此结束。

（7）600196 复星医药的 3 倍之路

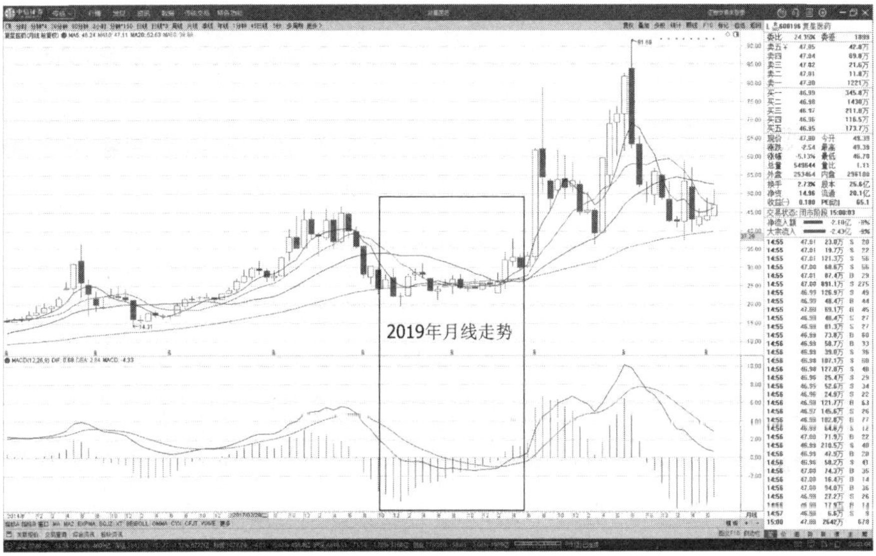

图 7–48　复星医药月线波段调整

如图 7–48 所示，2019 年复星医药月线 K 线走势对应的 MACD 黄白线穿越了零轴，对一个基本面尚可的个股而言，中长期的底部已经到来。月线 MACD 黄白线穿越零轴后，需要跟进观察的是精确买点的出现时机。2020 年的新冠疫情成为点燃行情外在的导火索，但对于复星医药而言，即使没有新冠疫情其上涨也是必然发生的。宏观条件（月线）具备后，可以从中观（周线）的角度进一步观察其买入条件是否已经成熟。

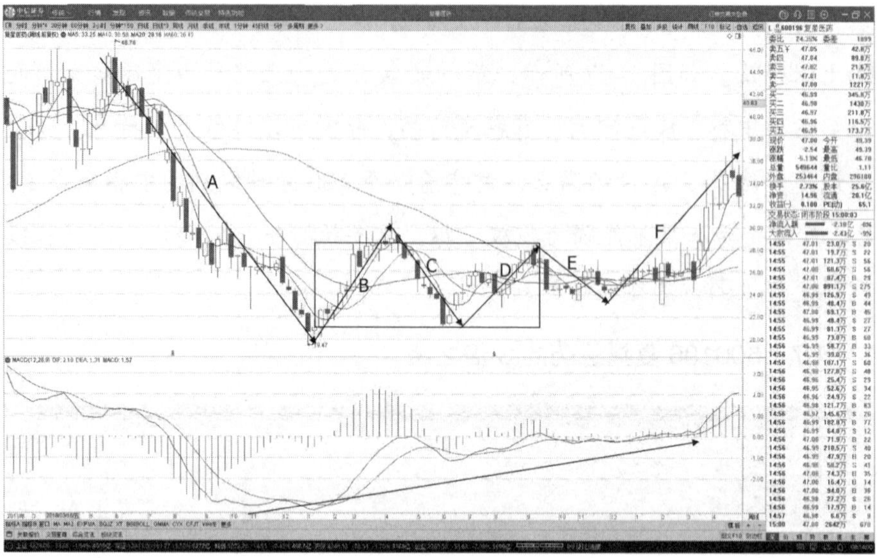

图 7-49　复星医药月线调整波段周线分解

在新冠疫情发生之前，复星医药周线走势已经完成了技术上的调整，如图 7-49 所示，BCD 已经构建形成标准的周线中枢。E 段走势向下离开中枢，能量出现显著衰减。E 段即为中长线中一个较为精确的介入位置。从介入成本看，A 段末端介入、C 段末端介入、E 段末端介入基本差不多，但在时间成本和资金成本上是不一样的。A 段介入要潜伏一年左右，这会产生一年左右的资金成本。同时需要认识到，在一个月线 MACD 黄白线已经穿越零轴的走势中，不能确定什么时候能够走出周线级别的中枢，所以 A 段买入风险相对较大。B 段走势的形成一定是大资金买入的结果，可以理解为资金的轨迹。资金买入筹码最终需要股价上涨才能兑现利润。资金买入筹码后需要等一个适当时机进行拉升，新冠疫情的暴发就是这个时机。如果没有新冠疫情，也会有其他因素触发行情的展开。

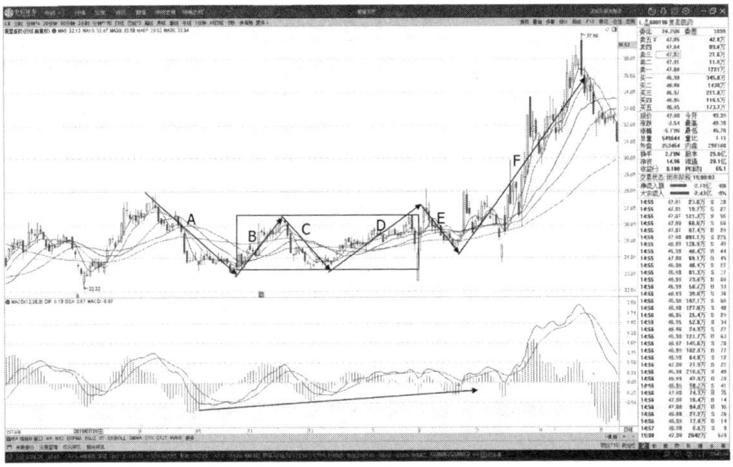

图 7-50 复星医药周线 E 段走势日线分解

对周线 E 段走势内部进行日线级别的分解，如图 7-50 所示，可以看到日线在形成 A-BCD-E 结构后拉开了主升浪行情。仔细观察走势可以发现，E 段及后面一段时间的走势及其反弹，K 线波动很大，这种走势会对短线投资的交易者产生一定的干扰。但如果站在宏观大格局的角度来看，不过是一点点小波动而已。随后走势形成了第一段 F 强力上涨走势，快速离开最近的中枢。在日线突破最近中枢的同时，周线也突破了底部的中枢，这是行情向纵深发展的标志，周线级别的行情正式开始。

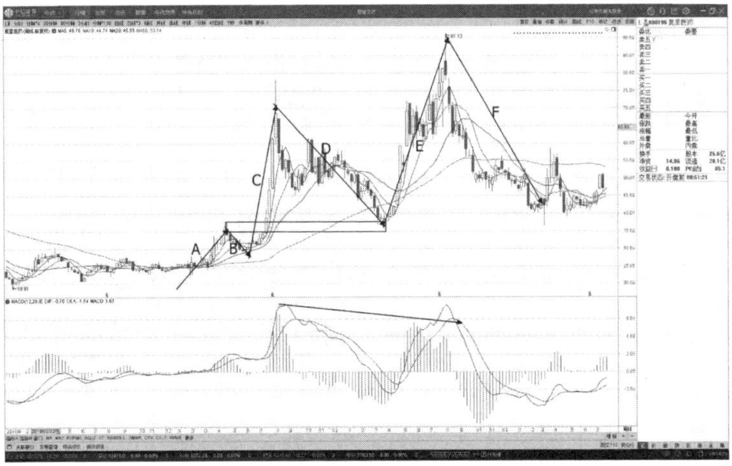

图 7-51 复星医药周线上涨行情分析

如图 7–51 所示，上涨行情开始后，A 段走势突破周线中枢，B 段走势回调，C 段形成了主升浪。对于大部分个股而言，C 段完成后，行情就结束了，尤其伴随着大阳线、涨停等走势的出现，“天欲令其灭亡，必先让其疯狂”，行情进入最后的狂欢时也将是调整的开始。站在本交易体系周线的角度，可以等待 D 段回调之后的反弹走势段 E 的出现，D 处回调触及 A 段高点，其对应的 MACD 黄白线强力回抽零轴，所以 E 段反弹走势是本轮周线行情的卖点。

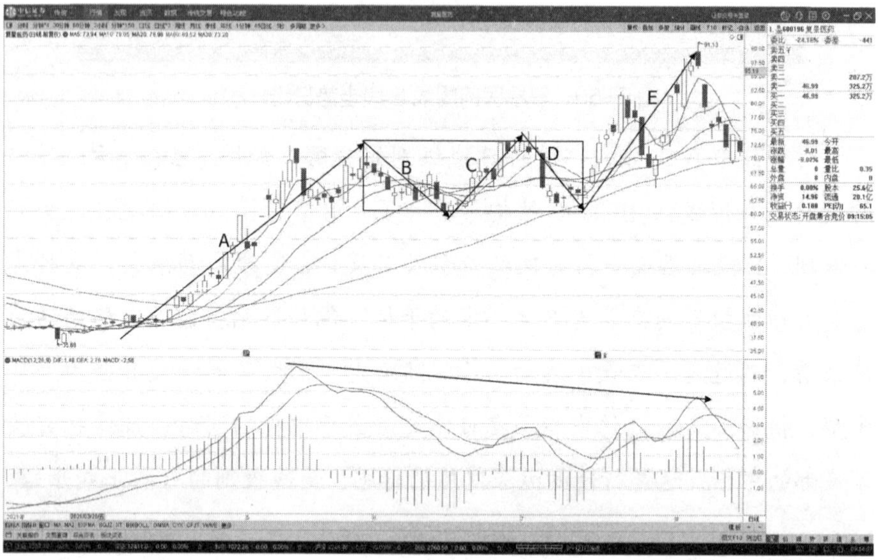

图 7–52　复星医药周线上涨 E 段走势日线分解

对周线中的 E 段走势进行日线级别的分解，如图 7–52 所示。在周线一段上涨中，形成日线的中枢 BCD，E 段向上离开此中枢，出现了能量的背离。实际交易中可以对日线走势 E 段内部进行 30 分钟级别的再分解，以确定更加准确的卖点。回顾复星医药整个上涨 3 倍的过程，从周线底部 E 段介入到启动后的 C 段和 E 段卖出，持续的时间为半年左右，实际交易中长时间的持有对投资者是一种巨大的考验，尤其是 C 段和 D 段的上涨走势，面对此种情况，到底什么时候卖出？根据本书提到的交易体系的标准，答案很明确：结束 C 段和 E 段上涨走势的一定是其内部不同级别的中枢结构，即 A–BCD–E 五段走势。在一波日线上涨中，如果连 3 分钟、5 分钟级别的中枢结构 A–BCD–E 都没形成，此时对于走势结束的担心完全是多余的，要抓住行情演化从量变到质变的规律。

（8）002416 爱施德的 4 倍之路

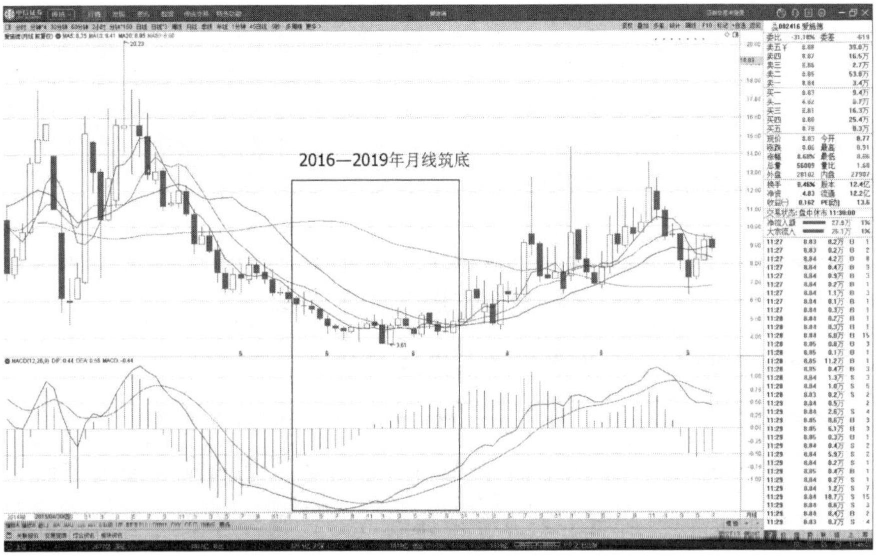

图 7–53　爱施德月线波段调整分解

从 2016 年到 2019 年，经过长达三年的调整，爱施德形成了一个月线级别的大底部，如图 7–53 所示。股价从最高时期的 20 元每股跌到 3.6 元每股，只有最高时期股价的 20% 不到。这里不究其基本面的变化，站在技术交易的角度，哪怕股价跌得只剩下 10%，只要有一定规模的资金进入就具有交易的价值。市场上的资金也并不是都堆在那么几百只所谓能够进行价值投资的股票里，有些公司只是因为经营或者业绩暂时遇到困难，股价低迷，但随着基本面的改善和股价泡沫的挤出，其新的投资价值就会逐渐显现。

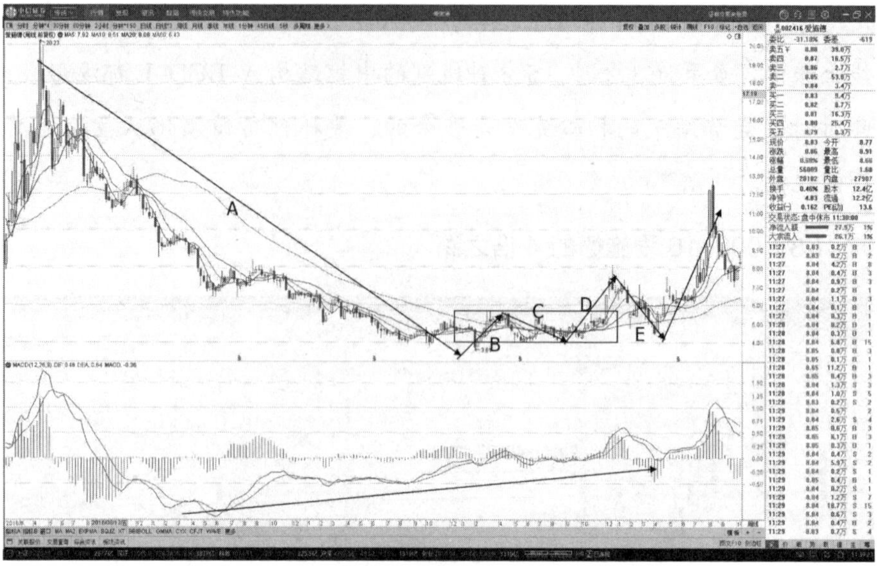

图 7-54　爱施德月线调整波段周线分解

如图 7-54 所示，从 A 段开始下跌到 B 段，其过程持续两年左右。根据 MACD 黄白线可以判断其下跌过程中反弹的力度较弱，资金此时尚未大规模进入，在此过程中如果盲目抄底则容易出现资金被套的局面。B 段的走势则显示，主力资金逐渐入场，吸筹导致走势出现显著的反弹。经过一段时间的反弹后，股价再次迎来 C 段的二次探底走势，随后再次出现 D 段的有力反弹。C 段内部和 B 段一样，也显得比较复杂，有一个小波段的反复，在现实中可以忽略不计。D 段突破后，走势再次迎来三次探底。此时，已经形成了周线的中枢 BCD，E 段是对于中枢的向下离开，能量出现显著的衰减，E 段是周线提供的最后介入机会。对 E 段内部进行日线级别的分解，可以找到更精确的买点。

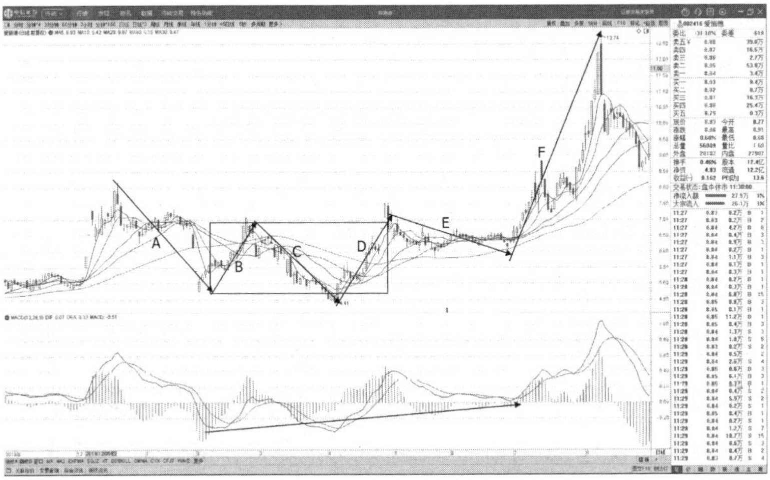

图 7-55　爱施德周线 E 段调整日线分解

对周线 E 段的内部进行日线级别的走势分解，如图 7-55 所示，非常标准地呈现 A-BCD-E 五段走势。其中 BCD 为日线级别的中枢，E 段走势向下离开此中枢，由于走势较为强势，没有出现大幅度的回调，所以 E 段的交易成本稍高，达到 6 元每股左右，已经从底部上涨 50% 左右。但日线 E 段介入后，马上出现了翻倍的行情，买入即大涨，这是交易中最好的局面，资金利用效率最高。

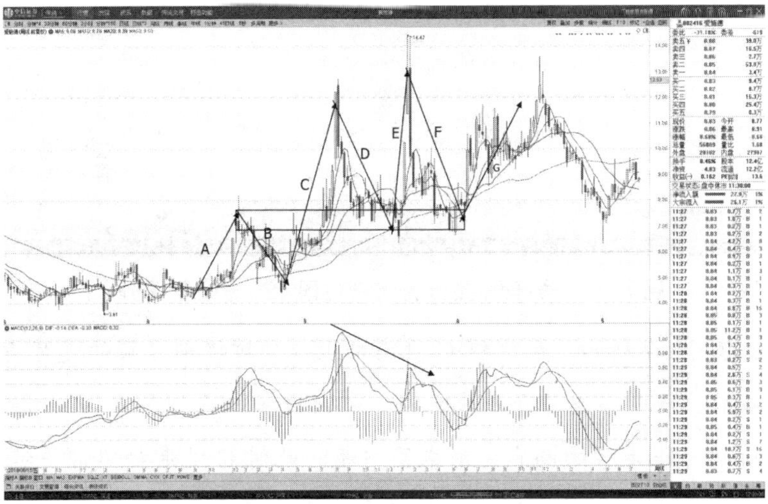

图 7-56　爱施德周线上涨波段分析

如图 7-56 所示，周线出现主升浪 C 段后，呈现出比较复杂的顶部走势。D 段走势回调触及了 A 段的高点，E 段的反弹出现了显著的背离，所以 E 段是周线的卖点。但 E 段走势的变化很快，其对应的小级别分解（120 分钟、日线）形成中枢后，股价的回落已经比较大，这种情况在小盘股或者行情极端变化时出现的概率比较大。本例提到的爱施德恰恰是这样一只市值只有 100 亿元上下的小盘股。其走势容易形成单边的快速上涨和下跌，这是由股性决定的，也是大部分技术交易需要引起重视的问题。介入盘子越大的个股，其技术的适用性就越强。在实际交易中，即使没有在 E 段走势成功卖出，随后的 G 段走势也是一个卖出的机会。

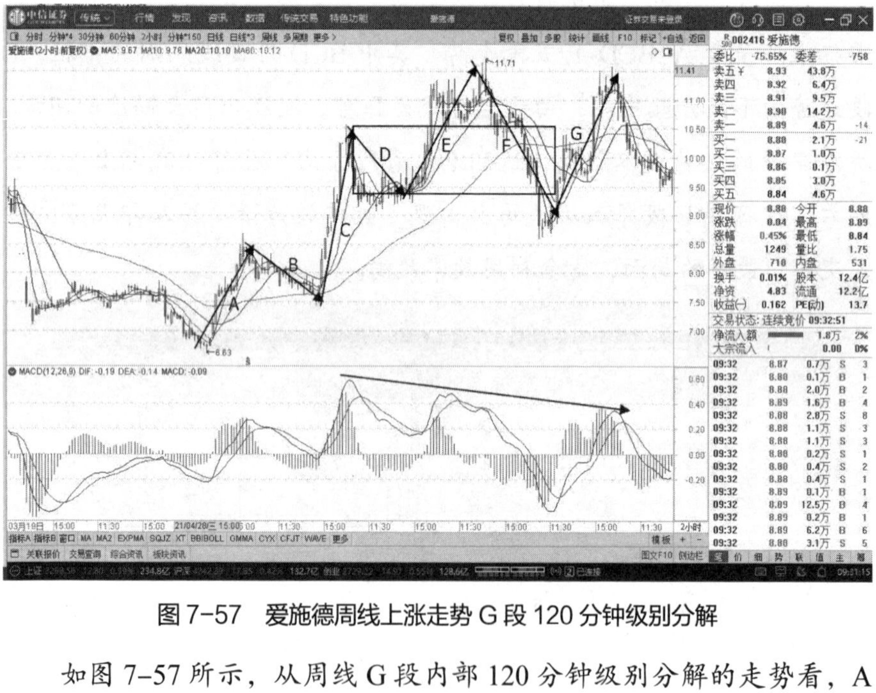

图 7-57　爱施德周线上涨走势 G 段 120 分钟级别分解

如图 7-57 所示，从周线 G 段内部 120 分钟级别分解的走势看，A 段突破后，B 段形成了有力的回调（MACD 黄白线回抽零轴），触及了 A 段前面一段走势的高点，形成了中枢。此时 C 段走势非常关键，如果 C 段不能强力突破，则意味着需要先退出来。实际走势中，C 段突破力度较大，随后的 D 段回调没有触及 A 段高点，所以要等到 E 段的反弹及随后 F 段的回调走势再进行判断。F 段走势回调力度较大，触及了 A 段的高点，形成了新的中枢，G 段反弹走势不能强力突破 E 段高点，所以 G 段走势是卖出的位置。

（9）300363 博腾股份的 10 倍之路

图 7-58　博腾股份月线波段调整分析

作为技术交易投资者，必须承认股票的内在价值是技术层面走强的前提，并不是相同的技术条件都能走出相同的行情，差异便在于基本面。其实，基本面的分析也是不可复制的，如果可以复制，基金业绩应该是一直走牛才正常。

类似博腾股份这种 10 倍股，更是可遇而不可求。一般投资者能做到的就是在遇到的时候把利润做到最大化。回到技术层面，从月线的走势看，如图 7-58 所示，博腾股份经过长时间的下跌，月线 MACD 黄白线穿越了零轴，这意味着从技术交易的角度，交易机会逐渐显现。

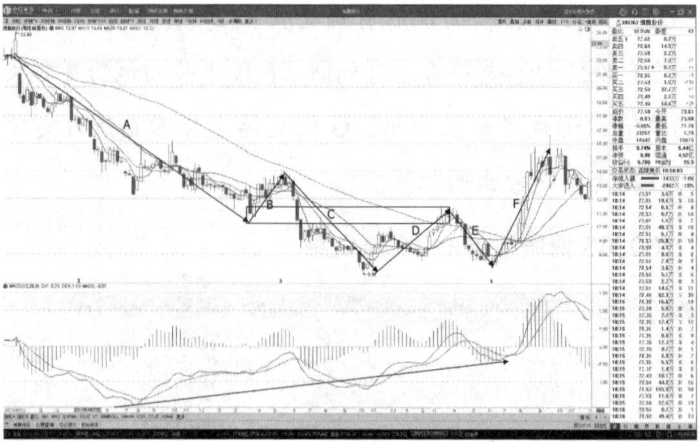

图 7-59　博腾股份月线波段调整周线分解

从周线的走势角度看，伴随着 A、B、C、D 段的形成，周线中枢 BCD 构建完成。如图 7-59 所示，A 段下跌的时间较长，从 MACD 黄白线是否有利回抽的角度看，是不能抄底的。如果完全按照 A-BCD-E 五段交易，那么要到 E 段才能买入。如果要逐渐建立一部分仓位，合适的位置是在 C 段。为了精确 C 段的买点，可以对 C 段进行 120 分钟级别的分解。在 120 分钟的 E 段买入。这里不详细展示。回到周线走势，在形成周线级别的 BCD 中枢后，E 段走势是周线的介入机会。对周线 E 段进行日线级别的分解，以找到更加精确的买点。

图 7-60　博腾股份周线 E 段内部日线级别分解

如图 7-60 所示，从日线的走势看，其 A-BCD-E 五段走势的构造并不是非常标准。在一些强势的调整中，以日线级别分解周线，从 MACD 黄白线上穿的角度看，有时候会显得不是非常标准，这也是需要将周线内部优先分解为 120 分钟级别走势的原因。在 120 分钟级别的走势中，B 段走势、E 段走势对应的 MACD 黄白线会触及或者穿越零轴，这样更有利于实践中的判断。

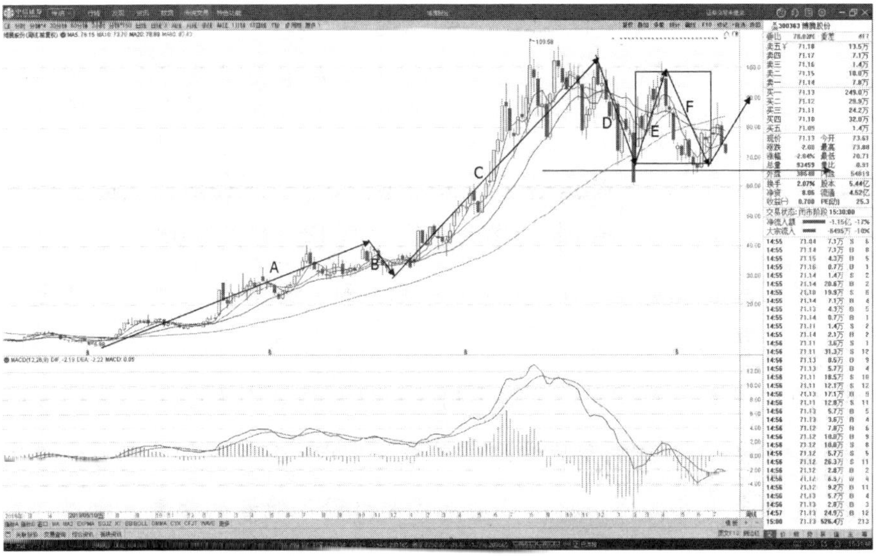

图 7-61 博腾股份周线上涨行情分析

介入后的走势演化过程中，B 段虽然出现回调（如图 7-61 所示），但其走势仍然比较强，对应 MACD 黄白线回抽不回到零轴。随后走势继续形成 C 段的大幅度上涨。D 段走势进行了回调，随后出现了 E 段走势的反弹。站在中枢的角度，可以继续等待 F 段之后的反弹走势进行卖出，这样可以基于周线中枢 DEF 进行操作。如果保守进行交易，E 段的反弹相对于 C 段的走势出现能量的背离亦可以进行平仓。

图 7-62　博腾股份周线 E 段走势内部 120 分钟级别分解

对周线 E 段走势进行 120 分钟级别分解，如图 7-62 所示，其走势形成了标准的 A-BCD-E 结构。其中 E 段向上离开 BCD 构建的中枢，能量出现背离。所以 E 段是整个周线行情的精确卖点。这里的 D 段走势从 MACD 黄白线的角度看调整得并不是非常到位，但从交易的角度看，D 段走势完成后，因为 E 段走势也出现了能量的背离，所以，综合各种因素可以在 E 段平仓。现实中的走势并不是 100% 按照交易模型进行，交易中需要抓住核心的要素，即量能和结构。量能的变化以背离和结构形成中枢为表征。从这里的走势看，D 段的回调显著地触及了 A 段的高点，这是结构上的特征，即从结构上看，股价的上涨动力不足。随后 E 段走势展示出来的量能再一次表明上涨的动力进一步衰减。综合两种信息，可以认为走势阶段性的上涨动能不足，需要卖出股票。

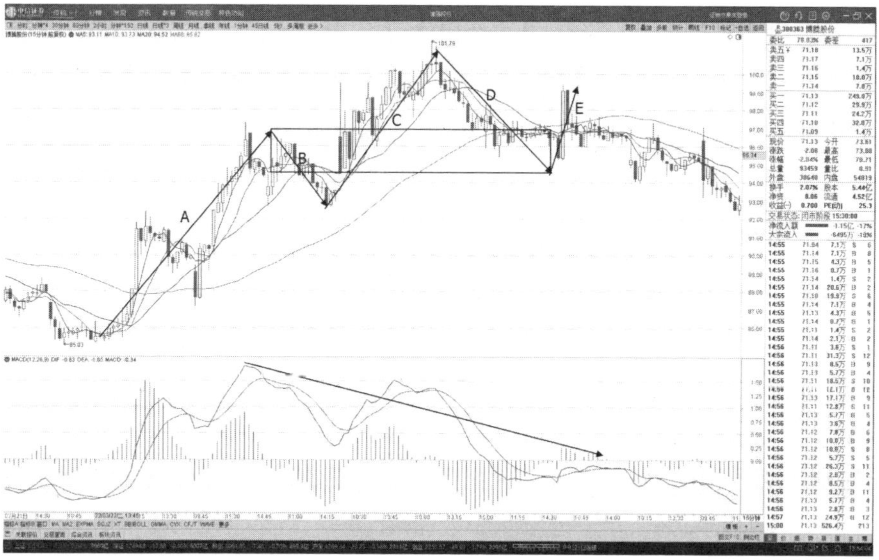

图 7-63　博腾股份 120 分钟级别 E 段走势内部 15 分钟级别分解

对 120 分钟级别的 E 段走势进行 15 分钟级别的分解，如图 7-63 所示，其内部形成 A-BCD-E 结构。E 段走势虽然不是非常起眼，但从技术的角度看，却构成了整个周线最精确的卖点，甚至对于 15 分钟级别 E 段走势的内部，可以继续进行 2 分钟级别的分解，以便将买点进一步精确。

（10）002594 比亚迪的 9 倍之路

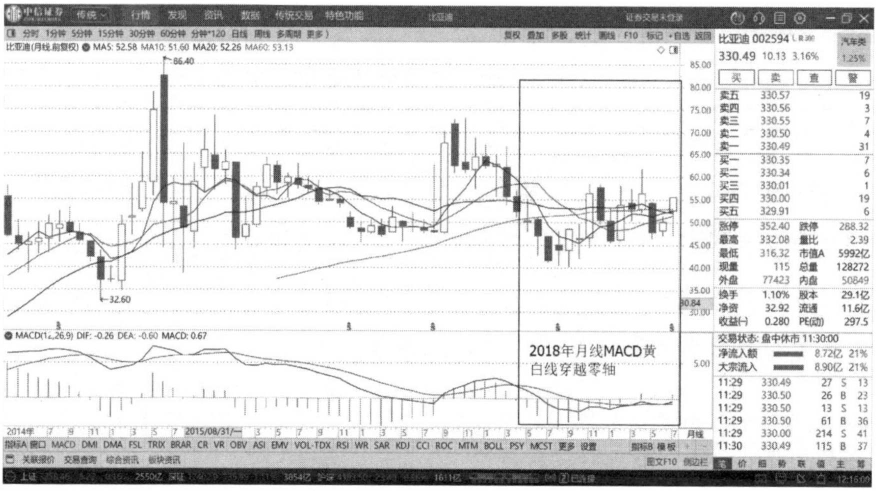

图 7-64　比亚迪月线波段调整分析

如图 7-64 所示，从月线走势图上可以看到，比亚迪 9 倍涨幅的技术面基础形成于 2016—2018 年，比亚迪在经过了三年的调整后，形成了非常扎实的中长期底部，为此后中长期的爆发积累了能量。俗话说横有多长，竖有多高，指的就是这种长期在底部调整的个股具备的爆发力。但仅有技术面基础是远远不够的，核心是我们前面多次提到的基本面要符合产业发展趋势，比亚迪正是具备了这种题材，它是新能源、新能源汽车行业的龙头之一，还得到了股神巴菲特的背书。所以，在这种情况下，“基本面＋技术面”共同造就了后面的行情走势。

图 7-65　比亚迪月线波段调整周线分解

如图 7-65 所示，从周线的角度看，调整波段可以分解为 A、B、C、D、E 五段，其中 BCD 构成周线中枢，E 段走势向下离开中枢，从 MACD 黄白线下行幅度及柱子高度看，能量上相对于 A 段下跌出现衰减，所以 E 段走势完成即是周线交易接入的机会。为了定位更加精确的买点，对周线 E 段走势内部进行再分解。

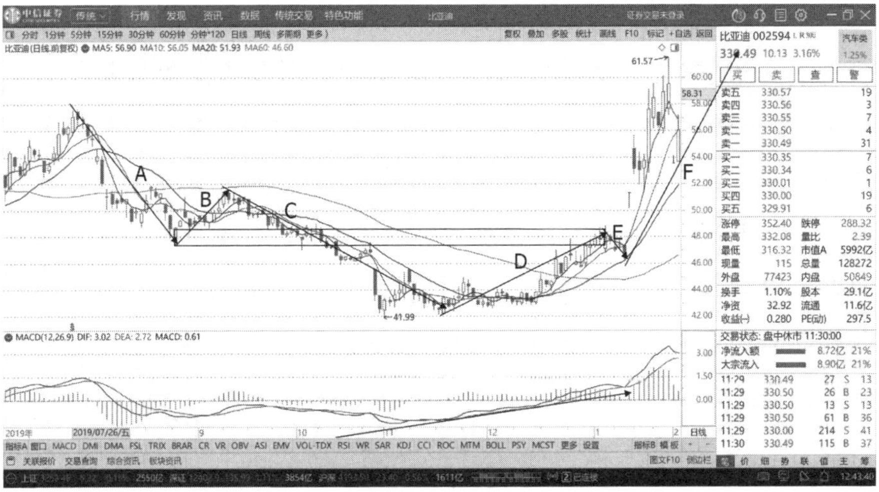

图 7-66　比亚迪周线 E 段内部日线级别分解

从日线走势分解看，由于分解的倍数不够（一般周线波段可以采用 120 分钟级别进行分解），这里显现出来的日线中枢并不是非常明显，如图 7-66 所示。F 段行情启动之前，可以大致分为 A、B、C、D、E 五段走势，其中 BCD 构成日线中枢，E 段走势向下离开中枢，成为整个行情技术上的精确买点。

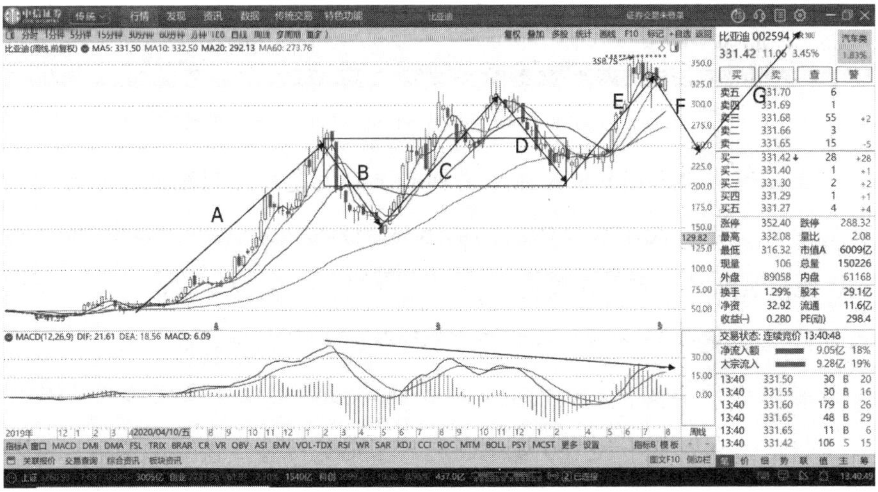

图 7-67　比亚迪周线上涨行情分析

介入后的周线行情如图 7–67 所示，从周线行情演化的角度看，A 段开始上涨直到 E 段，持续时间三年多，E 段行情是周线持有的退出机会。原因是图中已经形成了 BCD 周线的中枢，E 段走势向上离开此中枢，并且能量出现了衰减。所以，E 段是一个长期的阶段性顶部。E 段退出之后，转换为另外一种操作思路，即如果 F 段的回调低点高于 D 段最低位置，那么在周线 F 段调整完成后再介入。这种交易模式在后面有专门章节说明。所以，E 段退出后，并不代表不能再介入了。

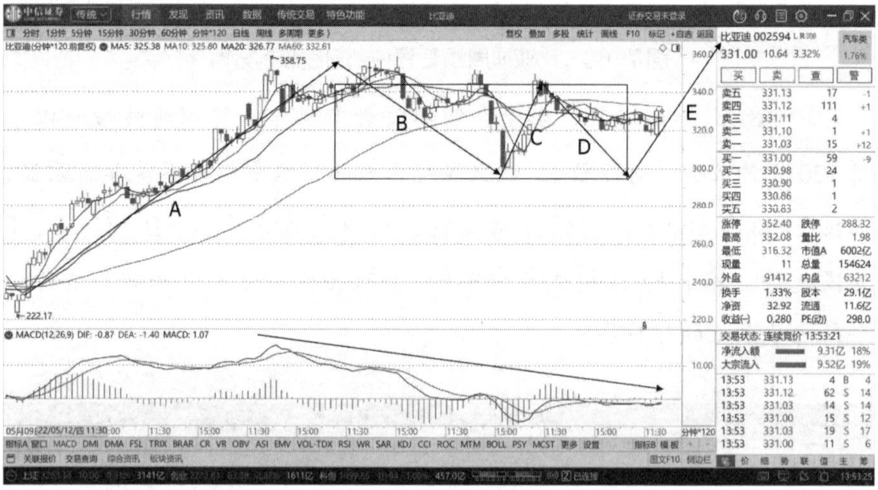

图 7–68　比亚迪周线 E 段走势内部 120 分钟级别分解

上涨过程中周线 E 何时结束的判断思路也是非常明确的，即可以等待其内部构建形成 120 分钟级别的 A–BCD–E 五段走势，其中 BCD 为 120 分钟级别的中枢，E 段向上离开此中枢，如果出现背离，那么意味着周线 E 段走势的终结。如图 7–68 所示，本书在撰写的过程中，E 段走势暂时还没形成，A、B、C、D 已经形成，整体上意味着周线 E 段行情接近结束。下一步 120 分钟级别 E 段走势何时结束可以根据其内部 15 分钟级别 A–BCD–E 结构形成情况进行判断，分析框架和思路是一致的。

（11）002304 洋河股份 3 倍之路

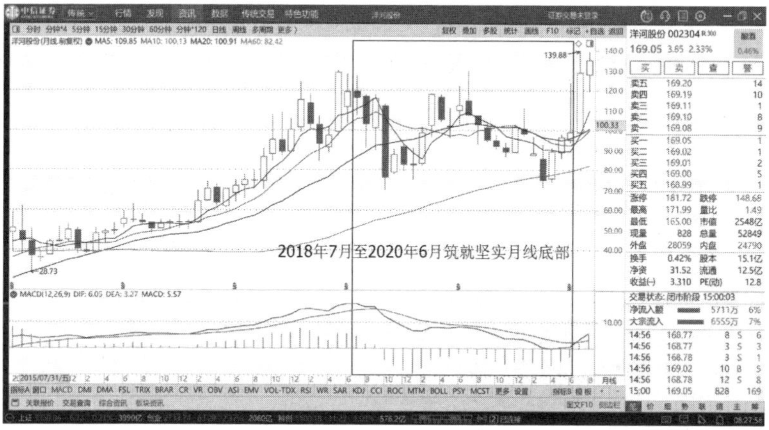

图 7-69　洋河股份月线波段调整分析

如图 7-69 所示，从 2018 年 7 月到 2020 年 6 月，洋河股份月线走势经过两年多的调整，形成较为扎实的长期底部，尤其是月线 MACD 黄白线穿越了零轴，更是意味着底部较为扎实，战略性交易机会显现。从其基本面上看，作为二线白酒股，近几年经营相对比较稳健，也有一定的品牌价值，基本面不存在很大的问题。即使有问题，在两年多的调整中也已经消化了，走势反映了一切会对投资交易造成影响的信息。剩下的问题是什么时间介入，这需要对走势进行周线级别、日线级别的分解。

图 7-70　洋河股份月线波段调整周线分解

从周线走势的构造看，其形成了标准的A–BCD–E底部构造结构。其中，BCD为周线中枢，E段走势向下离开中枢，能量出现背离，形成精确买入走势段，如图7–70所示。B段走势内部的小回调，在交易中当作一段处理。

图7–71　洋河股份周线E段内部日线级别分解

从日线走势结构看，由于分解的倍数太小，以MACD黄白线下穿零轴为标准，没有形成标准的A–BCD–E结构。正常情况下，应该首先以120分钟级别进行分解。由于软件显示的问题，这里仅以日线作为分解标准。E段介入后，周线行情启动（见图7–71）。

图7–72　洋河股份周线上涨行情分解

在洋河股份周线上涨的过程中，形成了A、B、C、D、E五段走势。其中，A、B、C三段走势非常关键。A段是上涨主升浪，B段回调走势力度较大，造成周线MACD黄白线触及零轴，同时C段的反弹不能突破A段的高点，能量衰减明显，C段是本轮行情的最佳卖出区域（见图7-72）。如果C段没有卖出，那么E段是最后的机会。对C段走势内部进行120分钟级别分解，以便定位更加精确的卖点。

图7-73　洋河股份周线C段走势内部120分钟级别分解

如图7-73所示，周线上涨C段内部120分钟级别的分解走势构造了非常典型的A-BCD-E结构。BCD为120分钟级别的中枢，E段走势向上离开中枢，能量出现显著背离，E段即为周线行情的精确卖点。

总而言之，从整个走势演化的角度看，对于周线交易而言，有足够的时间买入和卖出，投资者中间持有个股的时间甚至长达三年。根据本交易策略，基本上可以做到早发现、早介入，并赚取大部分利润。如果要获得5倍到10倍的收益，需要持有三年时间，持有的耐力是前提，个股中间波动也很大，相信有很大一部分投资者无法完成这个持有的过程。

中枢结构构建的交易系统主要依据的是观察当下走势的变化情况，可以使我们避免盲目的买卖和持有。走势的变化受很多因素影响，其过程也非常复杂，一般人也许无法理解或者了解其内在的情况，但是并不影响对股票的交易买卖。所有的影响因素最终要通过真金白银去交易才会真正对交易产生影响，而一旦资金进入，则势必会留下痕迹，这个痕迹即我们看到的走势。

读懂了走势，就相当于知道了资金的行为轨迹。

回到本章节的长线牛股分析，根据本技术体系可以知道，一个长期走势的结束，必然伴随着上涨过程中形成周线中枢。一个长期的底部也必然伴随着下跌过程中周线中枢的出现。选择一只基本面靠谱的股票，在底部的周线中枢形成后，果断介入持有，直到上涨过程中形成新的周线中枢，兑换持有的利润，也是一种有根据的价值投资之道。这种模式不涉及非常复杂的基本面研究，相信大部分投资者能很好画出和辨认 A、B、C、D、E 五段走势，进而能够掌握其买卖点的基本规律。

周线回调买点分析

市场的每一次调整都为投资者提供了介入的机会，尤其是对于长期趋势向上的个股（其标志是周线波段逐级向上，不断创新高），市场的调整造成周线的波段回调，如果每次回调的低点没有破坏上涨的趋势，经过调整之后，则会再次形成介入的机会。

（1）当升科技周线回调买入解析

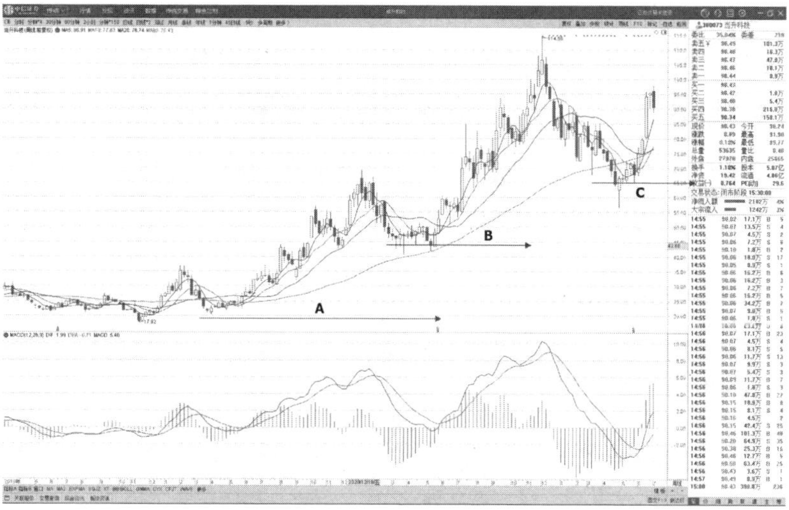

图 7–74　当升科技周线波段回调分析

如图 7–74 所示，在一个上涨的趋势中，B 处的回调低点比 A 处的回调低点高，C 处的回调低点比 B 处的回调低点高，B、C 都是周线回调买入的好机会。为了精确获得买入的位置，首先对 B、C 进行 120 分钟级别的分解。

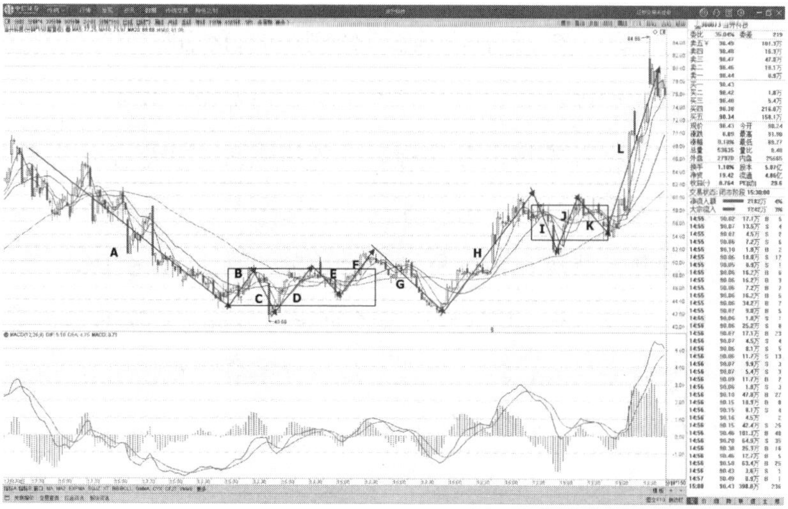

图 7–75　当升科技周线 B 段调整 120 分钟分解

对周线B段走势内部进行120分钟级别的分解，A、B、C、D、E五段走势形成后，E处构成了买点，随后F段的反弹走势不能突破中枢（见图7–75）。此时，F段走势内部次级别走势不能强力突破后，需要先退出来，等待G段的结束。G段介入后可以看到H处走势一鼓作气强力突破了最近的中枢，此时可以放心继续持有个股，直到一个新的中枢形成。

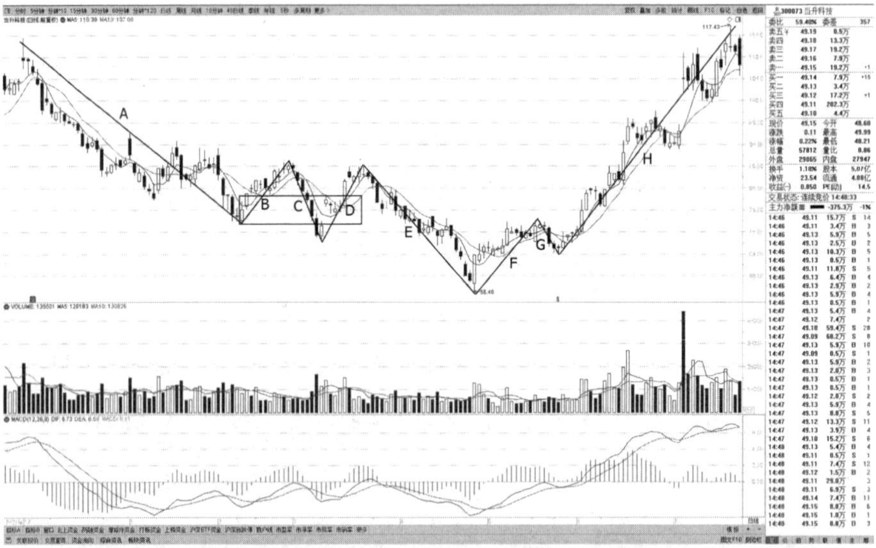

图7–76　当升科技周线C处调整内部日线分解

对当升科技周线C处调整进行日线级别的分解。注意：这里分解级别的选择可以根据市场走势进行。一般周线用120分钟级别可以进行有效分解，如果用日线级别也可以很好地分解，那么采取日线级别即可。这里看到日线级别的分解也是合适的。图7–76中BCD三段走势构成日线级别的中枢，E段向下离开中枢，从能量和结构的角度看，股价离开中枢距离较大，MACD黄白线离开零轴较远，此时可以等待F段反弹后的G段回调走势进行介入。

（2）宁波银行周线回调买入解析

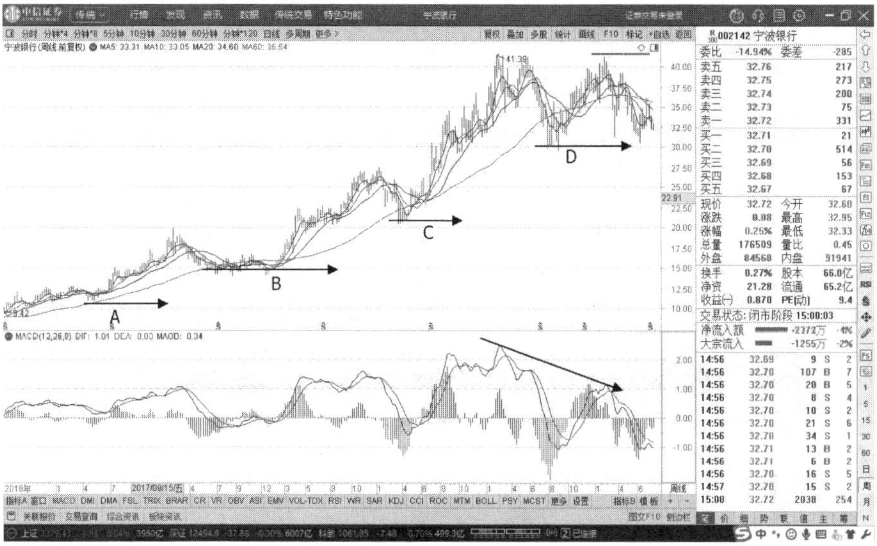

图 7-77　宁波银行周线波段回调分析

对于有些基本面较好的个股，其股价会在一定的时间内不断上涨，例如 2022 年之前的招商银行、当前的贵州茅台。在这种情况下，找一个周线的回调点买入成为不错的投资介入选择。从长远看，贵州茅台这种股票可以随时买入，但对交易而言，买入就涨肯定比买入先套 30% 甚至 50%，再等一年半载才上涨要好一点，尤其是对于投资心态的平衡而言。如图 7-77 所示，本例中宁波银行周线中的每一次回调都构成了中线的买入机会。对于这种行情，其前提是每次回调其低点都是逐渐抬高的，基本面有一定的保障。在此前提之下，我们对 A、B、C、D 等周线回调的低点进行 120 分钟或者日线级别的分解，找到精确的买入位置。这里选取周线中的 B 段回调走势和 C 段回调走势进行分解。

图 7-78　宁波银行周线 B 回调波段日线分解

对 B 段走势进行日线级别的分解，如图 7-78 所示，其正好形成一个标准的 A-BCD-E 五段结构走势，其中 BCD 为日线中枢。E 段向下离开中枢，E 段与 A 段相比，能量出现背离。这里 C 段与 D 段内部结构均比较复杂，C 段有一个力度较小的反弹，D 段有一个力度较小的回调。类似这种能量较小的反弹或者回调可以忽略不计，统一当作一段走势进行处理。所以，E 段是周线回调的日线买入点。介入后的退出策略也是一样的，即根据上涨过程中形成的日线中枢进行退出。

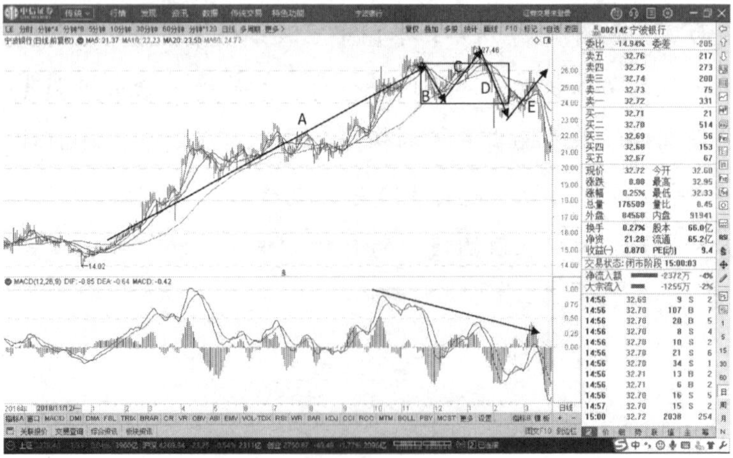

图 7-79　宁波银行周线 B 回调随后出现的日线上涨走势分析

图 7-79 显示的是周线 B 位置调整后介入的走势，图中 A 段走势特别长，这样画的原因是 A 段中间的每一波回调都没有造成 MACD 黄白线的有力穿越或者突破零轴，某种程度上也说明了多空分歧暂时较小。顶部的 BCDE 段走势明显不同：B 段对应的 MACD 黄白线走势下跌的力度明显大于 A 段内部的调整，这是多空分歧加大的一个标志。同时 D 段走势也是如此，其回调的力度更大，造成了 MACD 黄白线由上往下有力地穿越零轴，多空分歧达到顶峰。E 段向上离开 BCD 中枢，能量出现显著背离，所以 E 段是最后卖出的机会。

图 7-80　宁波银行周线 C 回调波段内部日线分解

对周线 C 段的回调走势内部进行日线级别分解，如图 7-80 所示，其形成了显著的 A-BCD-E 五段走势。其中 D 段走势内部也比较复杂，统一按照一段走势处理，BCD 构建形成日线中枢，E 段走势向下离开中枢，对应的下跌能量衰减显著。所以 E 段即为本轮周线回调的买点。实际交易中，可以对 E 段内部进行 30 分钟级别的 A-BCD-E 五段走势的分解，进而找到精确的买点。

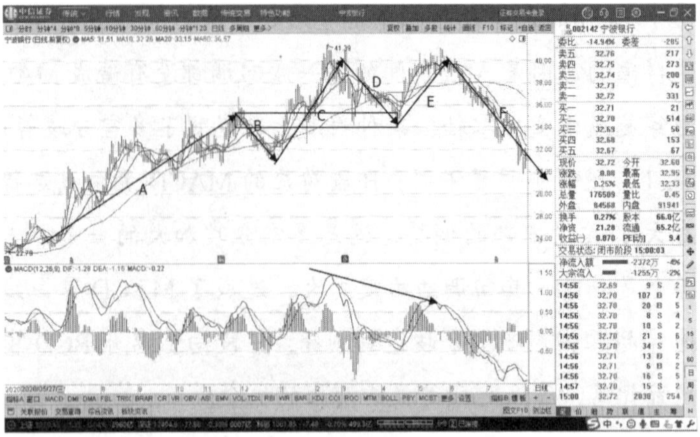

图 7-81　宁波银行周线 C 回调完成后的日线上涨分析

按照中枢的构造标准，介入后的日线走势形成了 A–BCD–E 五段。如图 7-81 所示，E 段向上离开中枢，能量出现显著背离。A 段走势内部比较复杂，有几波力度不是很大的调整，调整走势对应的 MACD 黄白线未能有效穿越零轴，所以忽略其调整，整个划为一段。但 B 段走势对应的调整不一样，其 MACD 黄白线有效穿越了零轴，D 段走势也是如此，所以 B、D 两段走势都是有效的。因此，从 BCD 中枢的角度看，E 段向上离开中枢，能量出现背离，是一个周线波段的卖点。

（3）贵州茅台周线回调买入解析

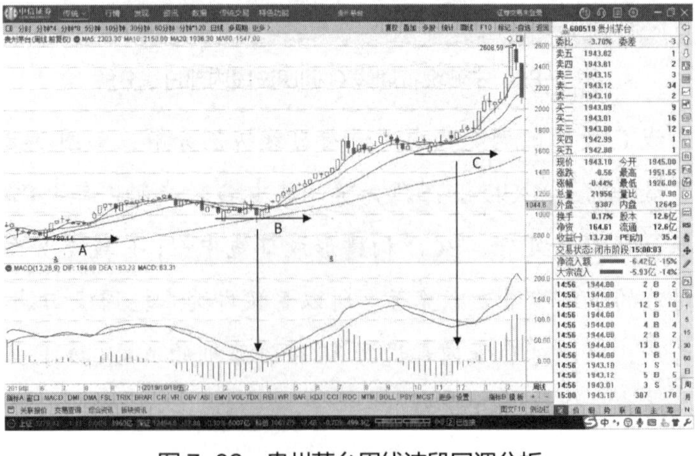

图 7-82　贵州茅台周线波段回调分析

类似贵州茅台这种长期业绩有保障的个股比较适合在周线的调整中买入，原因有二：一是基本面没有问题，或者说出问题的概率比较小；二是股本比较大，走势不易被大资金左右。前者确保了交易对象的基本面安全可靠，后者确保了交易技术层面的适用性。所以，找到这种质地优良的股票，在周线级别的回调完成后介入也是一种价值投资，这里对 B、C 两处的买入机会进行详细解析。

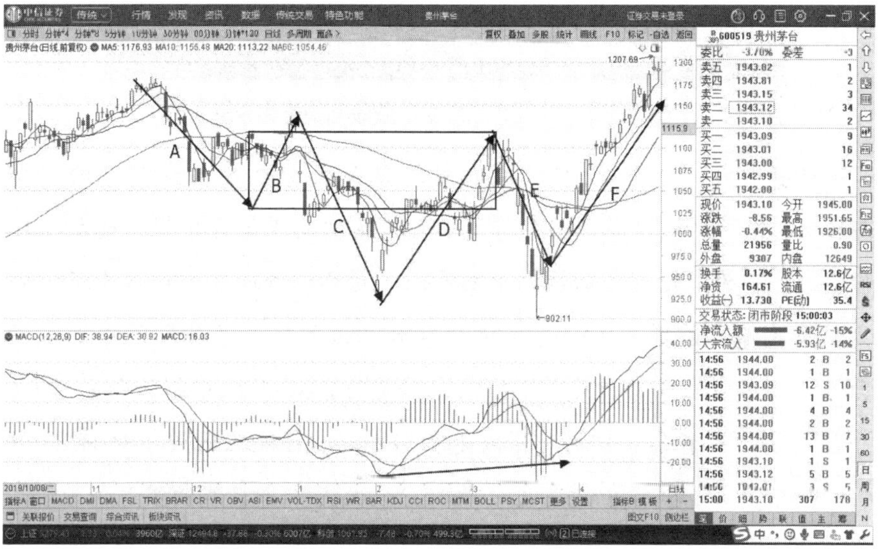

图 7-83　贵州茅台周线 B 波段回调日线分解

如图 7-83 所示，周线中 B 段的回调走势在日线中可以分解为 A-BCD-E 五段，BCD 是日线级别的中枢。E 段向下离开中枢，但能量出现了背离。所以，E 段是一个较好的介入机会。这里 B 处的反弹并不是非常标准，D 段内部也稍显复杂，内部有一个力度较小的回调，这里虽然有两波反弹走势，但在处理中当作一波处理。实际交易中，可以对日线 E 段走势内部进行 30 分钟级别再分解。

图 7-84　贵州茅台周线 C 波段回调日线分解

从技术上看，周线中 C 段的日线分解走势也是比较标准的。如图 7-84 所示，BCD 构成日线中枢，E 段走势向下离开中枢，能量出现背离，E 即为本轮周线回调结束的买点。对于周线而言，周线走势中的 C 波段紧邻 B 波段，B 段走势介入后出现的上涨走势在 C 段中形成了卖点，这个卖点即 D 段走势。D 段走势是对 ABC 日线中枢的向上离开，并且能量出现背离。同时，E 段走势形成后，E 段又构成了对 BCD 中枢的向下离开，能量出现背离，所以 E 段又是一个日线的买入位置。

（4）通策医疗周线回调买点解析

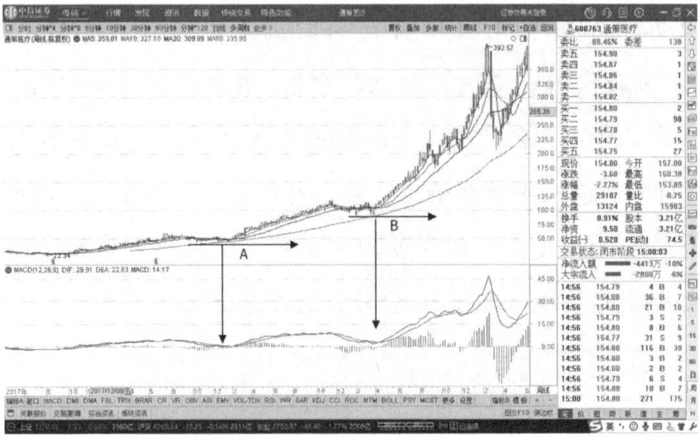

图 7-85　通策医疗周线波段回调

从实际交易的角度看，并不是每一位投资者都能在第一时间敏锐地捕捉到投资机会。如果投资者没能在底部顺利买入，那么中途介入也是很好的机会。这种模式尤其适合近几年比较火爆的新能源行业、医药生物这种具有中长期投资价值的板块和个股，每次周线的调整都会创造出这样的机会。如图 7-85 所示，通策医疗是近几年走出来的一个大牛股，在其上涨的过程中，形成了 A、B 两处周线回调买点。

图 7-86 通策医疗周线 A 波段回调日线分解

对周线中的 A 处回调进行日线级别的分解，可以看到其形成了相对标准的 A-BCD-E 五段走势。如图 7-86 所示，E 段走势向下离开日线中枢 BCD，形成了显著的背离，所以 E 段就是本轮周线回调的买点。这里的 D 点则是上一轮周线行情的卖点。A 段走势内部比较复杂，其包含了一波力度较小的反弹和回调，这种走势的余波可以忽略不计，D 段走势内部同样如此。在实际交易中，可以通过对日线 E 段走势进行 30 分钟级别的分解，对 30 分钟的 E 段走势进行 5 分钟级别的分解，从而找到更精确的买点。

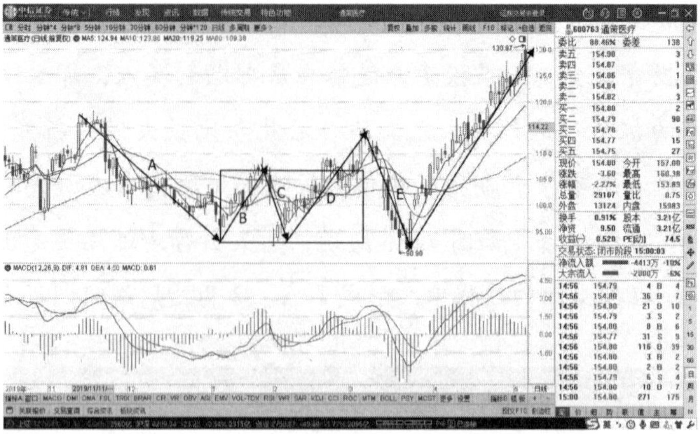

图 7-87　通策医疗周线 B 波段回调日线分解

对周线 B 段进行分解，走势在形成标准的 A-BCD-E 五段走势后展开了新的行情。E 段走势比较特殊，当时正值新冠疫情扩散之际，所以也就出现了这种不正常的走势，但也正是这个原因创造了周线的波段交易机会。从周线回调走势演化的角度看，即使没有疫情，也会产生这个交易机会。因为上涨走势的技术框架基本构造完毕，疫情只是“催化剂”而已。对于这种股票而言，疫情对其基本面的影响较为有限，只要技术面调整到位，反而会创造介入的机会。

（5）中科创达周线回调买点解析

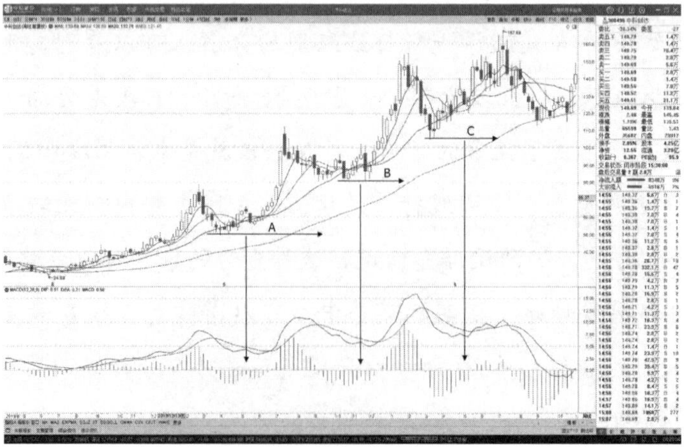

图 7-88　中科创达周线波段回调分析

中科创达是创业板中走出来的一个大牛股，到2022年，其牛市持续的时间长达四年，每一次大盘的回调都会造就一个周线波段买入的好机会。在其四年的行情中，主要形成了图7–88中A、B、C三个周线回调的买入机会。从A段位置到达C段之后的最高价位也有将近3倍的涨幅。所以，如果底部没有介入，在周线回调波段介入也是一个好的机会，下面重点对A、B、C三个回调的走势机会进行分解。

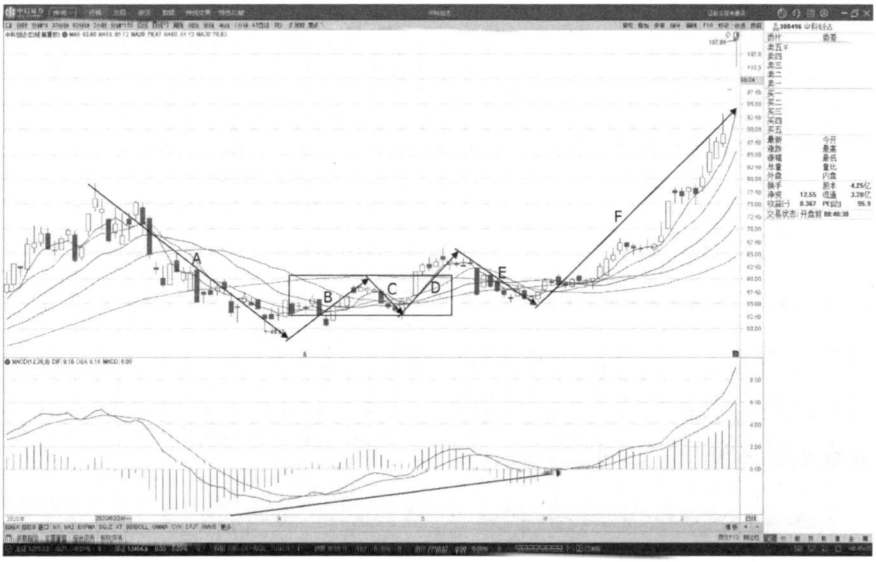

图7–89　中科创达周线A波段回调日线分解

周线A处买点的日线分解走势中，由于分解的级别不够，造成BCD处的中枢结构不明显，如图7–89所示。实际交易中，使用120分钟级别对周线A段走势进行分解，可以避免这种情况的出现。E段走势相对比较标准，在交易中可以对E段走势内部进行30分钟级别再分解。F段之后上涨走势的卖点，遵循相同技术模式，即等到在上涨过程中形成120分钟级别的中枢，再看其后的一段走势对于中枢的突破情况。

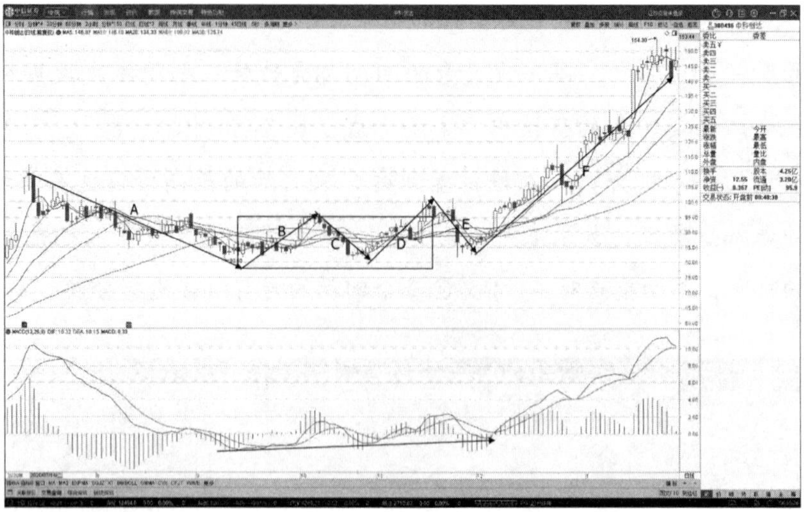

图 7-90　中科创达周线 B 波段回调日线分解

对周线 B 处的回调进行日线级别的分解，其走势形成了标准的 A-BCD-E 五段，随后上涨的行情正式开始（见图 7-90）。这里 A 段走势内部有一个小反弹，其力度较小，可以忽略不计。日线 E 段是本轮周线波段回调结束的买点，交易中可以通过对日线 E 段内部进行 30 分钟级别的分解定位更精确的买点。

图 7-91　中科创达周线 C 波段回调日线分解

对周线C段调整进行日线级别的分解，由于分解的周期太长（120分钟级别正好），C段走势不明显，但这里因为解析的需要，仍然按照中枢进行划定。E段走势向下离开中枢形成买点。G段的走势非常重要，F段突破后，G段回调触及了D段的高点，形成了新的日线中枢。H段的上涨走势不能突破EFG中枢，同时出现了能量的背离，所以H段会产生本轮周线上涨的卖点（见图7-91）。

（6）300751 迈为股份周线回调买点解析

图7-92 迈为股份周线波段回调分析

如图7-92所示，从2018年上市到2022年，迈为股份连续涨了三年多，当前仍处于一个周线上涨的过程中。对于这样的大牛股，也许很少有人能够在2018年、2019年介入，或者介入之后只赚到一点零头就出仓了，持有到上涨25倍的投资者不会很多。不过市场还是提供了A、B两次介入的机会，分别产生于2021年3月、2022年3月。其中A处介入的涨幅为3倍左右，B处介入的涨幅为1倍左右。由此可见，即使是中途介入，仍然能够获利颇丰。但这里的介入不是追涨，而是有根据、有秩序地介入。下面分别对A、B两处周线回调买点进行120分钟级别的分解。

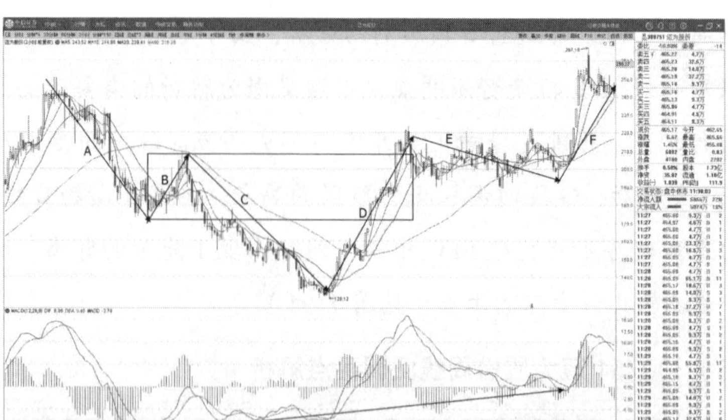

图 7-93　迈为股份周线 A 波段回调 120 分钟分解

对周线 A 处的回调进行 120 分钟级别的分解，如图 7-93 所示，B 处形成第一段反弹，此后 C 段呈现绵延下跌之势，一直没有形成有效的反弹，直到 D 段形成强力的反弹，这一波的反弹涨幅超过了 50%。但站在技术交易的角度，此时并不是买入的时机，需要等到 E 段回调出现。走势 D 段形成之后，构建形成了 120 分钟级别的中枢 BCD。这里的 E 段虽然交易成本较高，但确是有依据的，因为前面形成了中枢 BCD，E 段走势向下离开中枢，能量出现衰竭，所以 E 是技术上的买点。

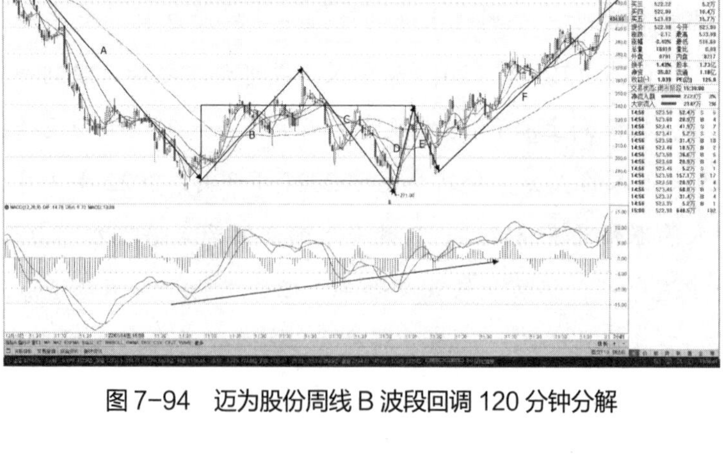

图 7-94　迈为股份周线 B 波段回调 120 分钟分解

对周线 B 段回调进行 120 分钟级别的分解，这里的分解走势相对比较标准，如图 7-94 所示，B 段的反弹走势较为有力，C 段的回调幅度也较大，D 段再度有效反弹，此时构建形成了 120 分钟级别的中枢 BCD，随后的回调段走势大概率就会形成买点。这里的 E 段走势没有做过多的回调，便展开了上涨的行情。E 段走势不是非常标准。在现实中，有时候形成的走势并不是那么标准，但局部的不标准不会影响大的交易框架，E 段（末端）就是周线调整波段的精确介入位置。

（7）601888 中国中免周线回调买点解析

图 7-95　中国中免周线波段回调分析

中国中免也是近年市场中走出来的大牛股，因为有免税店的概念，从月线的角度看，其上市后一直处于上涨的态势之中。如图 7-95 所示，从 2020 年 4 月到 2021 年 3 月，短短一年的时间，其涨幅约有 6 倍。在这个过程中，观察其周线走势，形成了 A、B 两处周线回调买入机会。现对 A、B 两处周线调整进行日线级别的分解。

图 7-96　中国中免周线 A 波段回调日线级别分解

对周线 A 段调整进行日线级别的分解（见图 7-96）。由于分解的级别不够，出现了不是非常标准的走势，D 段的反弹显示出的力度偏小。如果这里以 120 分钟级别进行分解，则会出现相对标准的走势。E 段回调力度相对仍然比较大，相对于 A 段，其走势背离并不是非常显著。此时可以介入，也可以等待突破后再介入，即 F 段内部显示的回调走势。

图 7-97　中国中免周线 B 波段回调 120 分钟级别分解

对周线B段进行120分钟级别的分解。相对于日线级别的分解，120分钟级别可以看得更加详细。如图7–97所示，D段走势比较复杂：中间有一个小回调，但力度和幅度均较小，所以忽略不计，整体D段走势向上。E段走势向下离开BCD构成的中枢，从MACD柱子角度看，背离也比较明显。但MACD黄白线并没有处于背离的状态。在这种情况下，进入交易也可以，等待下一个有力反弹的出现，再回调买入也可以。F段走势不能继续突破中枢，但触及了中枢。这意味着，G段的回调走势如果出现能量的背离，可以继续进入。这里针对中枢的操作模式，即走势向下离开中枢，如果出现背离，则介入。随后如果走势能够强力突破中枢，则意味着介入成功，可以等待一个新的中枢的形成。

（8）300207 欣旺达周线回调买点解析

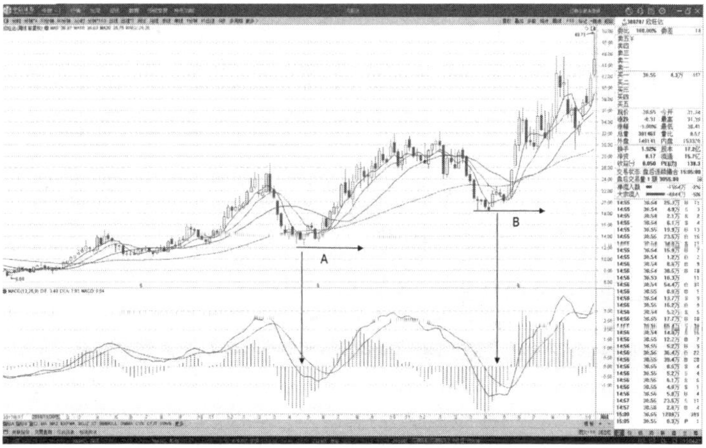

图7–98　欣旺达周线波段回调分析

作为创业板的一只长线牛股，欣旺达本轮行情启动于2018年11月，持续到2021年11月，总计三年时间。其间形成了A、B两个周线较好的后期介入位置（如果在真正的底部没有介入的情况下）。如图7–98所示，A处介入到本轮行情的顶部有5倍的涨幅，对于看好长线投资价值的股票，要耐心地等待周线回调交易机会的出现，介入成功后也要耐心地持有。下面分别对A、B两处的周线调整进行日线级别和120分钟级别的分解。

图 7-99　欣旺达周线 A 波段回调日线级别分解

如图 7-99 所示，从日线级别的分解走势看，由于分解的倍数不够，C 段、E 段走势并不是非常显著，这里需要仍然将其作为一个中枢进行分析。实际交易过程中，对于周线的调整波段，判断其是否调整到位，优先采用 120 分钟级别进行分析。A 段走势一波下跌到位，随后进入了震荡筑底的阶段，实际上就是构建中枢的阶段。E 段走势向下离开 BCD 中枢，但由于走势较为强势，所以回调位置位于中枢之上。E 段末端就是本轮周线回调技术上介入的位置。

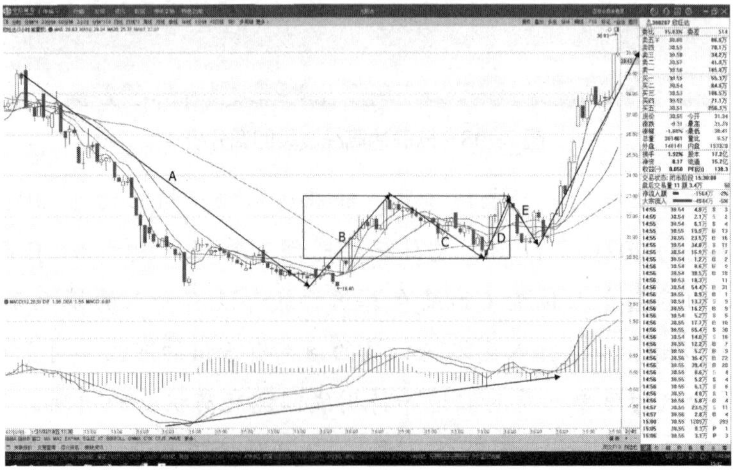

图 7-100　欣旺达周线 B 波段回调 120 分钟级别分解

对周线B段走势内部进行120分钟级别的分解（见图7–100），可以看到其与图7–99中周线A段走势的分解呈现了基本类似的规律，即股价第一波下跌就基本调整到位了，后面进入震荡筑底，即中枢构建的阶段。同一只股票的两次周线调整，呈现了相同的规律，这是由资金的操盘风格所决定的。B段的反弹走势力度比较大，表明介入的资金比较多，随后走势形成BCD中枢，最后E段走势向下离开中枢，出现能量的背离，从而形成了后面的大幅度上涨走势。

（9）601633长城汽车周线回调买点解析

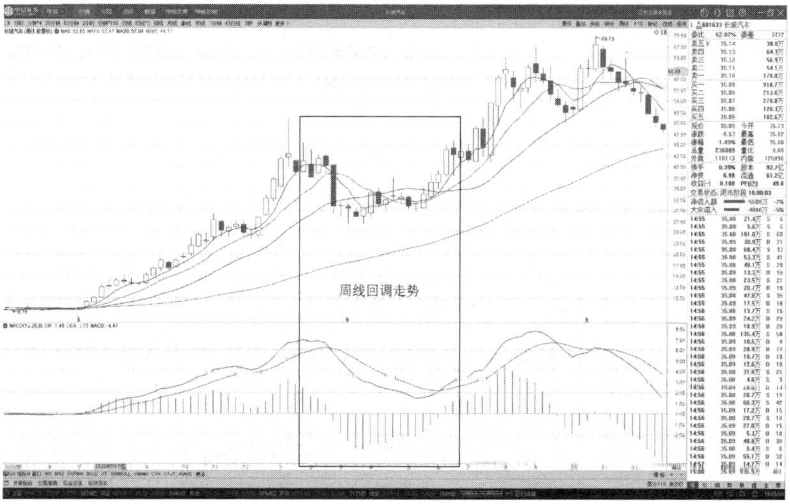

图7–101　长城汽车周线波段回调分析

长城汽车2021年4月形成一波周线的回调走势（见图7–101）。长城汽车这种股票相对而言比较适合进行周线波段交易，其原因有二：首先，其股本比较大，配置的各种基金比较多，不容易被一股或者几股资金左右；其次，其具有新能源汽车的概念，符合未来20年的产业发展趋向。汽车也是重要的国民经济支柱产业，尤其在向电动化、智能化转型的背景下，仍然具有很大的成长想象空间。所以，只要趋势不被破坏，每一次的周线回调都是介入机会。对其回调进行120分钟级别的分解以定位更精确的买点。

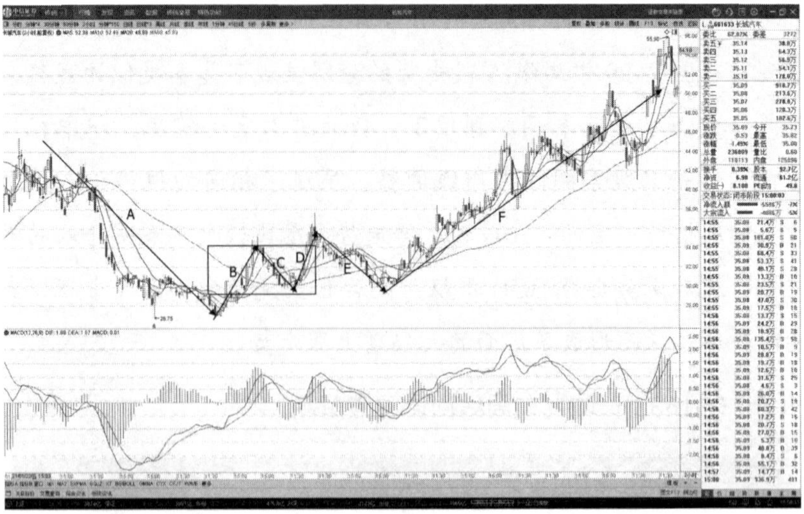

图 7-102　长城汽车周线波段回调 120 分钟级别分解

从本轮周线调整的 120 分钟级别走势看，其形成了相对标准的 A-BCD-E 五段走势。从中枢的位置看，其走势相对比较强势。如图 7-102 所示，E 段走势向下离开中枢，相对于 A 段，形成能量上的背离，所以 E 段为本轮周线回调结束的买入点位。对 120 分钟级别走势 E 段内部进行 15 分钟级别的分解，可以定位更加精确的买点。

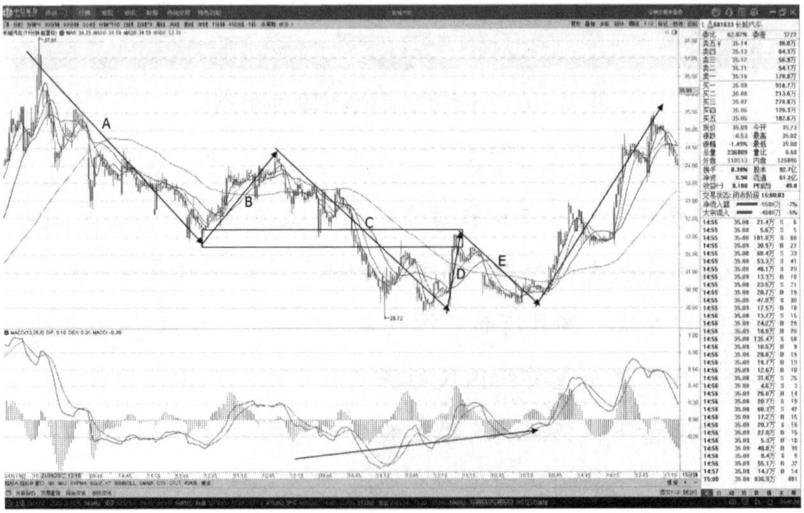

图 7-103　长城汽车 120 分钟级别 E 段走势内部 15 分钟级别分解

120 分钟级别 E 段走势内部的 15 分钟级别分解走势看似比较复杂，但若是以 MACD 黄白线的穿越作为标准，那么其又相对比较简单。A 段走势虽然非常复杂，但其对应的 MACD 黄白线始终没能穿越零轴，没有有效的反弹走势，直到 B 段走势出现。C 段走势也是如此，内部波动反弹较多，但是也没有造成 MACD 黄白线穿越零轴，所以再复杂，也就是一段走势。D 段的反弹走势比较有力，D 段的高点触及了 A 段回调低点，形成了 BCD 中枢。E 段走势向下离开中枢，出现能量背离，所以 E 段走势就是本轮周线技术上的买点（见图 7–103）。

（10）顺丰控股周线回调买点解析

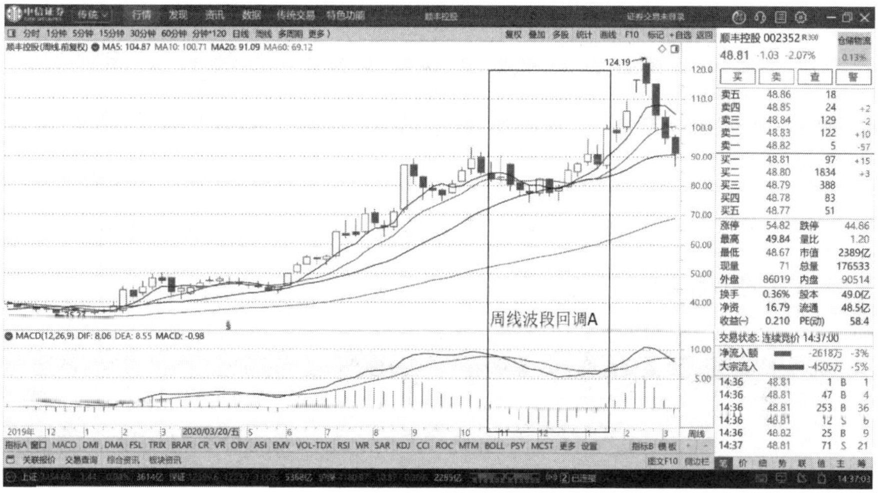

图 7–104　顺丰控股周线波段回调分析

如图 7–104 所示，顺丰控股在 2019 年到 2021 年的上涨过程中形成 A 处比较显著的回调买点，介入后涨幅为 80% 左右。顺丰控股作为快递行业的龙头企业，在 2017 年到 2019 年正处于快速发展期（与 2022 年的行业调整背景不同）。下面对 A 处周线波段回调买点进行分解。

图 7–105　顺丰控股周线波段回调 120 分钟级别分解

从周线 E 段 120 分钟级别的分解走势看，形成了非常标准的 A–BCD–E 结构，其中 BCD 为 120 分钟级别的中枢，E 段走势向下离开中枢，能量衰减明显，所以 E 段构成周线 A 波谷调整介入的点位。如图 7–105 所示，E 段介入后，走势随后形成了 F 段的上涨走势，突破中枢，开启一轮新的行情。

图 7–106　顺丰控股 120 分钟级别 E 段走势内部 15 分钟级别分解

从 120 分钟级别 E 段走势内部 15 分钟级别的走势看，在形成相对标准的 15 分钟级别的 A–BCD–E 结构，即图 7–106 中 E 段走势完成后，个股迎来主升浪行情。对于周线回调波段交易，通过 120 分钟、15 分钟级别的分解，可以将买点定位到精确的位置，实现一买就涨的交易目标。

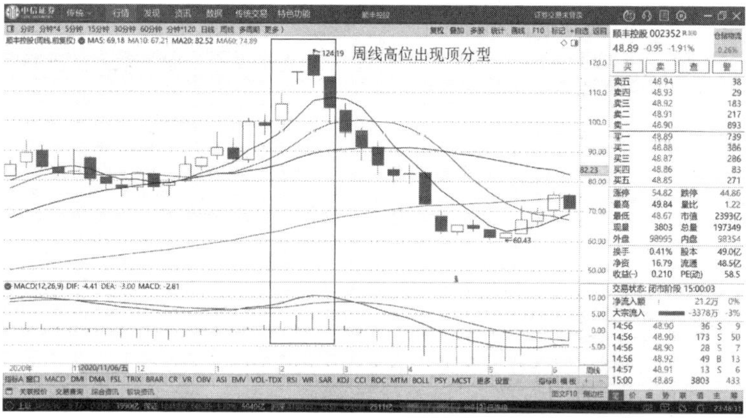

图 7–107　顺丰控股周线上涨波段见顶走势分析

周线波段在波谷介入后，走势进入加速阶段，并在加速后形成阴 K 线和顶分型走势，随后行情见顶（见图 7–107）。这里周线走势的见顶判断如果根据分型会显得相对滞后，此时仍然可以根据走势 120 分钟级别的分解进行判断。

图 7–108　顺丰控股周线上涨波段 120 分钟级别分解

在周线的波段上涨过程中，顺丰控股仍然形成了 120 分钟级别的 A–BCD–E 结构，BCD 为 120 分钟级别的中枢，E 段走势向上离开此中枢，柱子面积缩小，出现背离，所以 E 段走势即为本轮周线波段上涨的卖点（见图 7–108）。

（11）恩捷股份周线回调买点解析

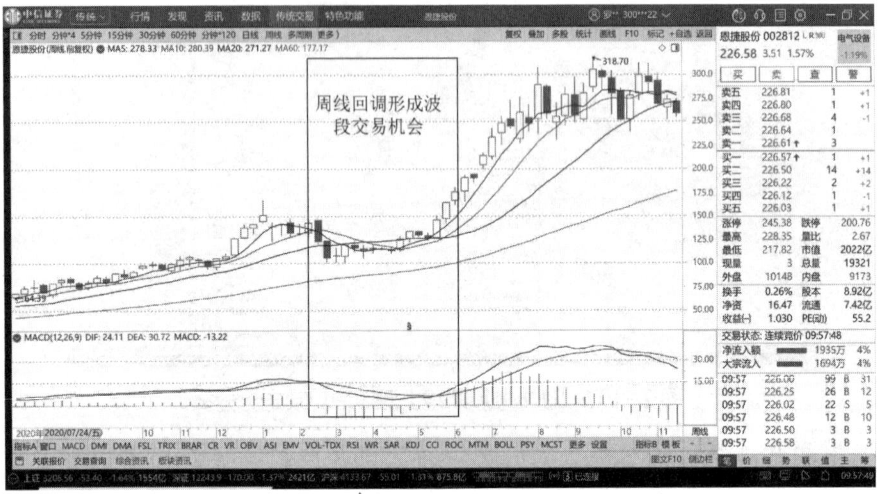

图 7–109　恩捷股份周线波段回调分析

从 2021 年 1 月到 4 月，恩捷股份在周线上出现了一个周线回调的波段，形成了一次周线回调的交易机会（见图 7–109）。恩捷股份是全球新能源锂离子电池隔膜龙头企业，与宁德时代 CATL、松下、SAMSUNG SDI、LGES、比亚迪、国轩高科等数十家知名企业长期保持良好合作。在国家倡导绿色低碳发展的背景下，基本面有长期的政策支撑。基本面是基础，最主要的是看技术层面的走势是否创造了买入的机会。对于基本面的问题，资金是最有发言权的。有大资金的买入，基本面短期内至少不会有问题。

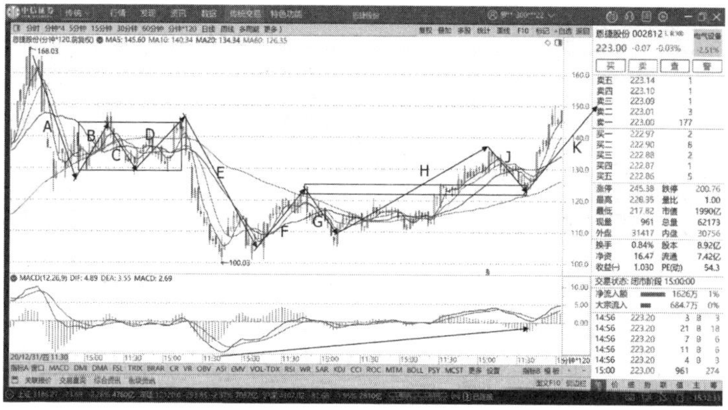

图 7-110　恩捷股份周线波段回调 120 分钟级别分解

从恩捷股份周线回调波段内部 120 分钟级别分解看，走势稍显复杂，经历了两次中枢的构建，最终确认调整完成。如图 7-110 所示，第一次中枢构建为 A-BCD-E，E 段走势向下离开中枢，但没有出现背离，所以 E 段不能介入。随后走势再次构建中枢结构 E-FGH-J，J 向下离开中枢，能量衰竭，形成买点，随后走势向上离开中枢，标志着行情的正式开始。

图 7-111　恩捷股份周线波段上涨顶部 120 分钟级别分解

介入形成 A 段波段上涨后，走势逐渐进入筑顶过程，B 段回调造成 MACD 黄白线触及零轴，D 段调整也造成 MACD 黄白线触及零轴，此时形成了 120 分钟级别的中枢 BCD，E 段走势向上离开中枢，形成此轮周线波段上涨的卖点（见图 7-111）。

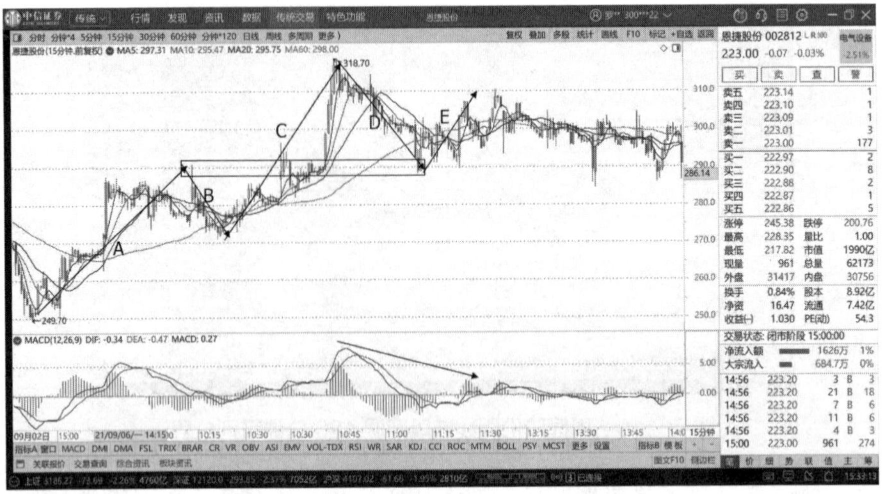

图 7-112　恩捷股份周线波段上涨顶部 120 分钟 E 段走势 15 分钟级别分解

从 120 分钟级别 E 段走势内部 15 分钟级别的分解看，走势构造也是标准的，即形成了 A–BCD–E 结构（见图 7–112）。E 段走势向上离开 BCD 中枢，能量出现背离，成为整个周线波段上涨的精确卖点。这里通过 120 分钟级别、15 分钟级别两次分解，实现了对卖点的精确定位。在实际交易的过程中，也可以在 15 分钟分解走势 C 段进行卖出交易。因为在周线波段背景下，15 分钟级别不同波段价格相差不是非常大，在 C 段走势加速的时候可以兑现部分利润。

构造中的周线交易机会举例

市场的每一次长时间调整都为交易创造了战略性的机会，这种交易机会形成的主要标志便是周线中枢，一旦这种机会出现，需要格外珍惜。下面将展示一些正在构造中的周线中枢，以便读者更加熟悉这种战略交易机会的模式架构。

（1）千禾味业

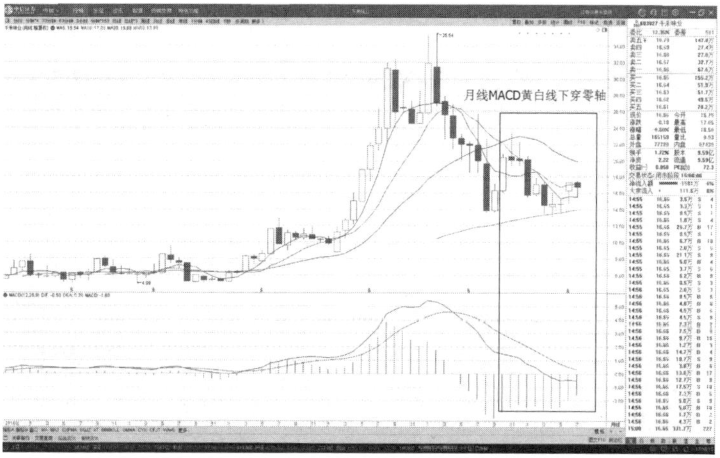

图 7-113　千禾味业月线调整波段分析

从月线走势的角度看，其 MACD 黄白线下穿零轴，意味着中长期的交易机会逐渐临近（见图 7-113）。考虑到千禾味业作为大众刚需消费产品，长期业绩有基本的保障，这是难得的战略性交易机会。

图 7-114　千禾味业周线中枢构造分析

虽然从 2021 年 2 月开始持续下跌到 2022 年 6 月，但千禾味业仍然处于周线的筑底过程中。其中 D 段走势尚未结束，但调整已经过半，新的机会正在孕育之中。未来走势的演化势必如图 7-114 所示，首先形成周线的E段回调，最后是F段的突破。

（2）迪安诊断

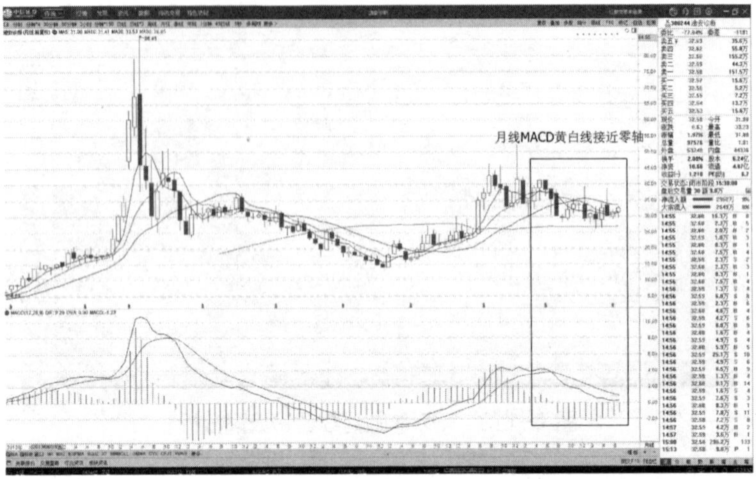

图7-115　迪安诊断月线调整波段分析

迪安诊断作为医药生物板块个股，其主要从事诊断服务及体外诊断产品开发，应该说是一个不错的题材，具有投资故事可以讲。当然，重要的并不是我们看到的其主营业务，而是走势显示出来的资金轨迹（见图7-115）。

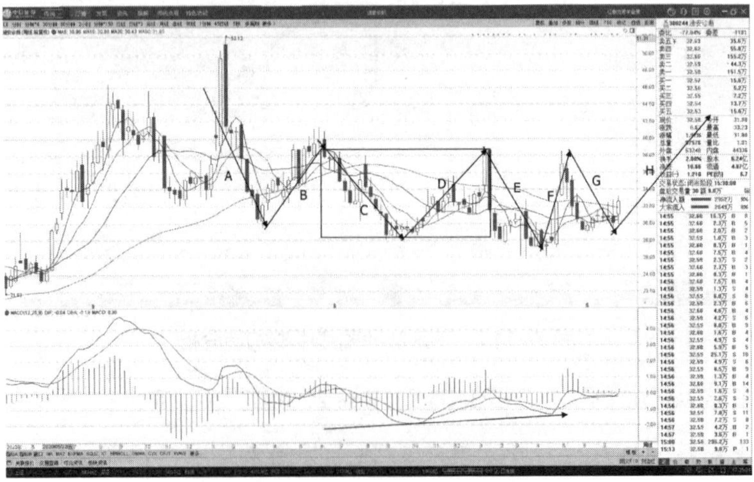

图7-116　迪安诊断周线中枢构造分析

从周线的走势角度，可以看到其下跌动力并不是很大，反弹的力度反而较大，这可以从B段、D段及F段的走势看出来。每次周线的反弹都造成MACD黄白线触及零轴。反弹本质上是资金买入股票造成的，这意味着有较大的资金在不断地运作走势。后市随着G段调整的完成，有望迎来H段的走势，或者将会出现大涨之势（见图7–116）。

（3）安琪酵母

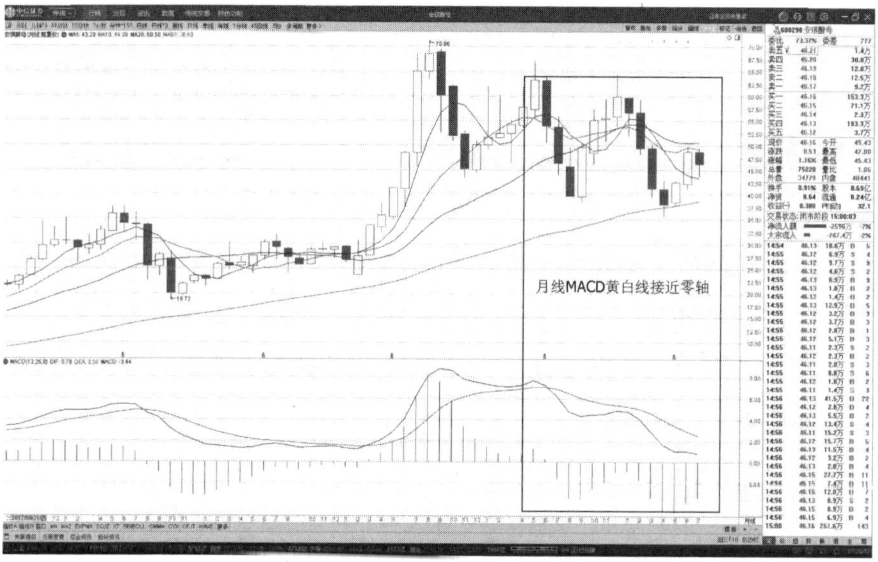

图7–117 安琪酵母月线调整波段分析

安琪酵母是酵母生产的龙头企业，其生产的酵母在国内市场占有率达到了60%。这种企业的基本面应该说没有任何问题。再回到其技术面走势，经过一年的调整后，其月线的MACD黄白线已经接近零轴了（见图7–117），从技术条件上看，一轮新的战略性交易机会正在酝酿之中。

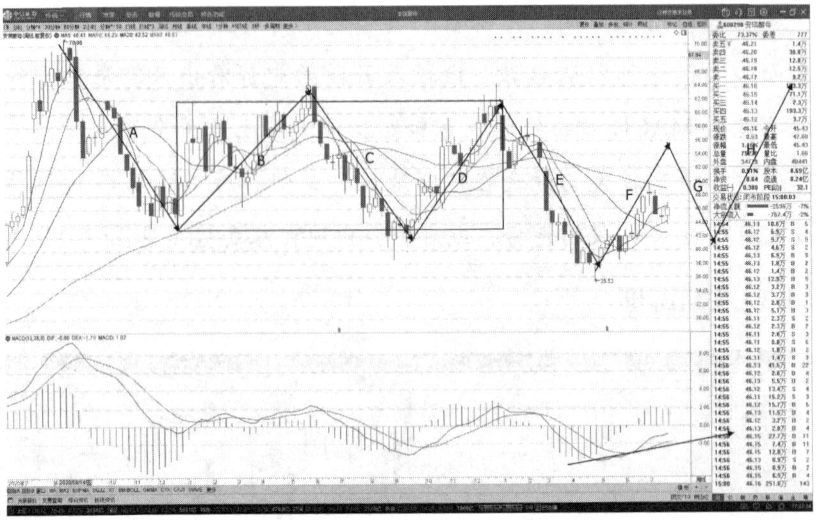

图 7-118　安琪酵母周线中枢构造分析

回到周线的分解走势中可以看到，周线的构建已经基本完成，即形成了周线的 BCD 中枢，E 段走势向下离开中枢，但背离不显著。因此，未来还有 G 段走势出现，由 G 段走势回调形成背离走势，随后大概率会迎来主升浪的行情（见图 7-118）。

（4）重庆啤酒

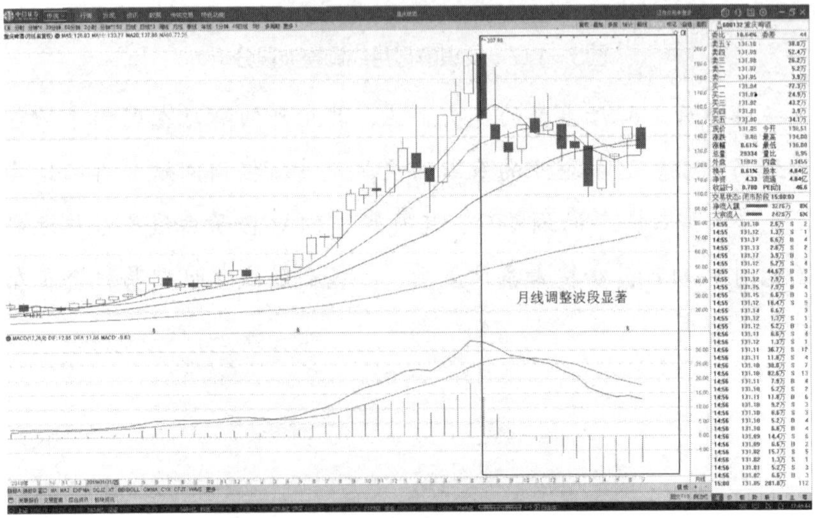

图 7-119　重庆啤酒月线调整波段分析

重庆啤酒是西南地区啤酒行业的龙头，其在西南地区啤酒市场占有率达到了45%，业务发展已经比较成熟，属于躺着赚钱的公司，所以基本面没有大的问题，这是进行战略性交易的前提条件。这种老股票虽然不能在短期内涨3倍、5倍，但是经过战略性调整之后，涨幅达50%或100%是大概率事件。从月线的技术条件看，从MACD黄白线的角度考虑，个股还没有调整到安全的位置，其走势暂时没有完成调整，但战略性交易机会已经显现（见图7-119）。

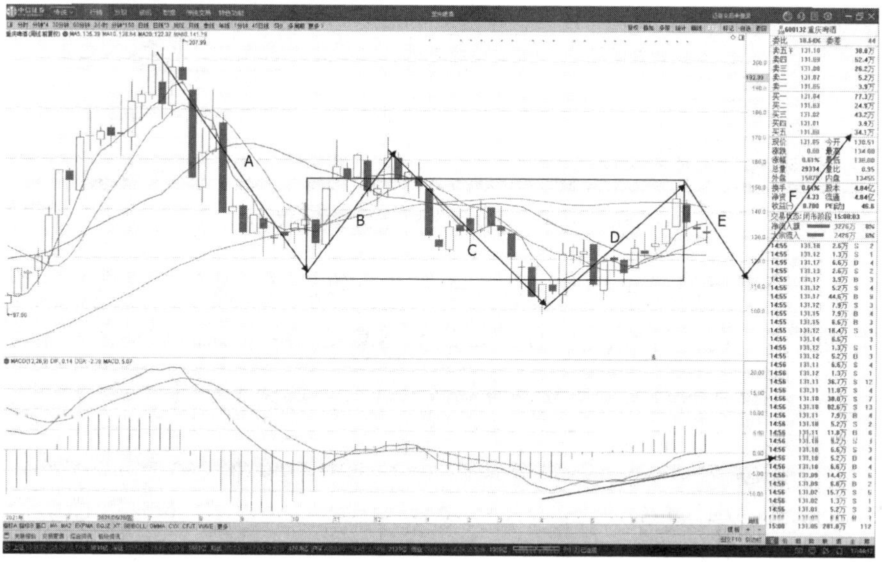

图7-120　重庆啤酒周线中枢构造分析

如图7-120所示，从周线的走势看，已经形成了BCD中枢结构，E段走势正在生长之中，可以说基本的框架已经具备。随着E段走势的调整完成，交易机会便会慢慢显现。E段走势完成的时间取决于E段内部什么时候形成盘整背驰或者背驰。

（5）立讯精密

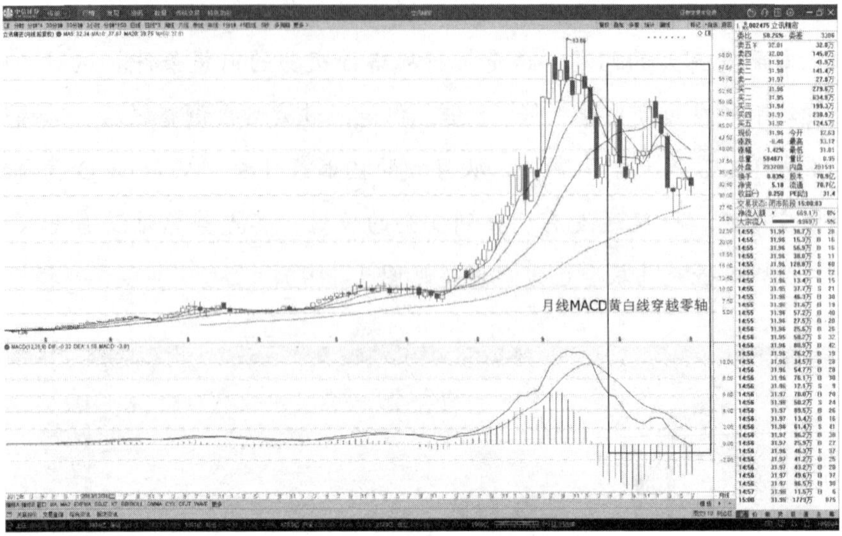

图 7-121　立讯精密月线调整波段分析

作为苹果的代工公司，随着苹果产品的畅销，股价也迎来了一个长线上涨。随着月线 MACD 黄白线穿越零轴，中长期的调整进入尾声阶段，从技术的角度看已经具有战略性的交易机会（见图 7-121）。

图 7-122　立讯精密周线中枢构造分析

从周线的角度看，其中枢的D段正在构造之中，但D段的走势相对比较弱，暂时仍然未能形成有效的反弹（见图7-122）。未来其走势必然是首先形成有效的反弹以支撑周线中枢的构造，随后走势将形成E段回调走势，进而形成战略交易机会的买点，最后是主升浪的上涨。

（6）顾家家居

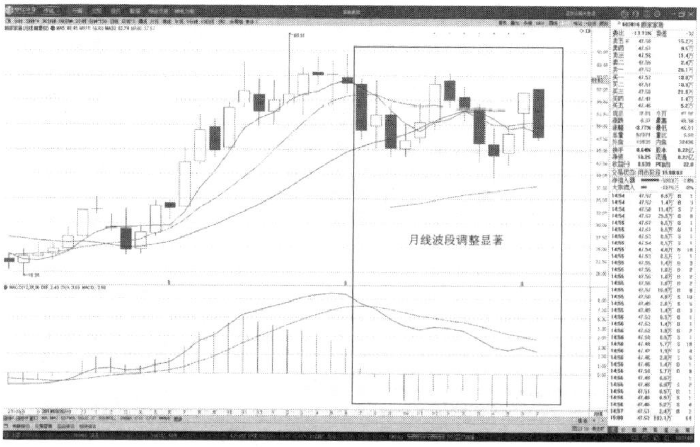

图7-123　顾家家居月线调整波段分析

如图7-123所示，顾家家居从整体走势上仍然呈现向上的趋势，其主业是高档软体家具产品的研发、设计、生产与销售商，近几年企业的利润保持稳定增长，其基本面近期不会有很大的问题。

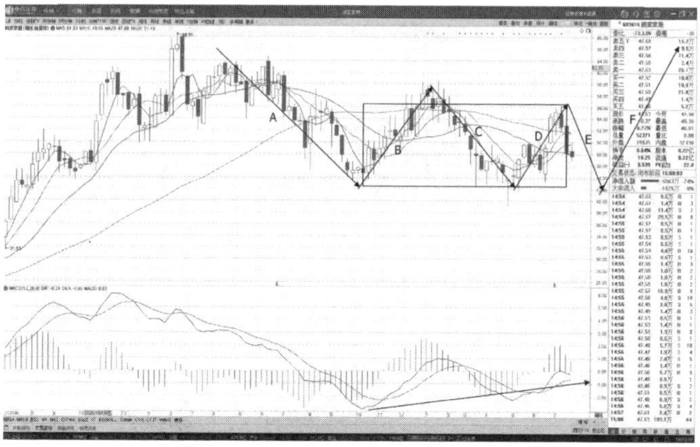

图7-124　顾家家居周线中枢构造分析

从周线的技术面看，B 段、D 段的周线反弹均比较有力，说明中线资金在建仓，信号十分明确，周线中枢 BCD 已经形成。E 段走势形成后有望形成底背离走势，战略性交易的底部框架基本搭建完毕，后市有望形成周线波段上涨行情（见图 7–124）。

（7）北新建材

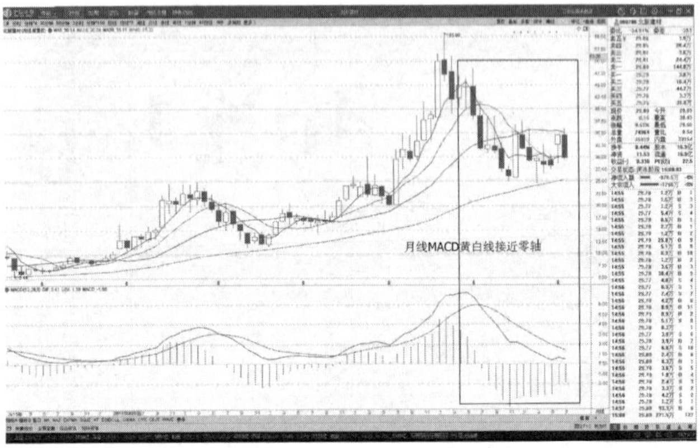

图 7–125　北新建材月线调整波段分析

北新建材月线的调整比较到位，月线对应的 MACD 黄白线触及了零轴（见图 7–125）。作为新型建筑材料的龙头企业，近几年发布的年报均显示其盈利比较稳定，中长期走势目前也呈现向上的态势，周线波段交易有一定的支撑。

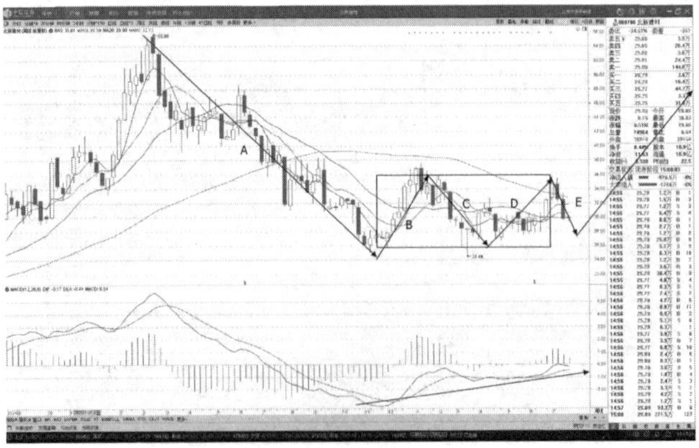

图 7–126　北新建材周线中枢构造分析

从周线的角度看，目前已经构建完成了周线中枢BCD，正处于E向下离开中枢的E段构建阶段（见图7–126）。随着E段走势的构建完成，周线有望迎来一轮上涨行情。

（8）青岛啤酒

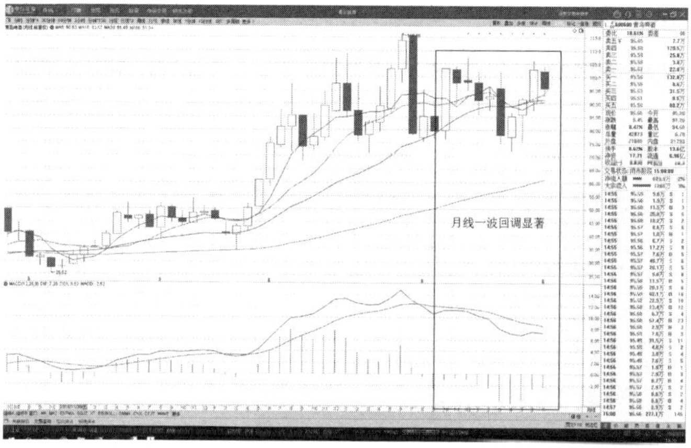

图7–127　青岛啤酒月线调整波段分析

青岛啤酒作为啤酒行业的龙头之一，也是国内最大的啤酒生产商之一，其产品在山东、陕西和安徽等地的市场占有率均达到60%以上。2022年，青岛啤酒又将上海嘉士伯收购，未来国内的整体市场占有率将接近20%。作为快消产品，盈利稳定，基本面健康。

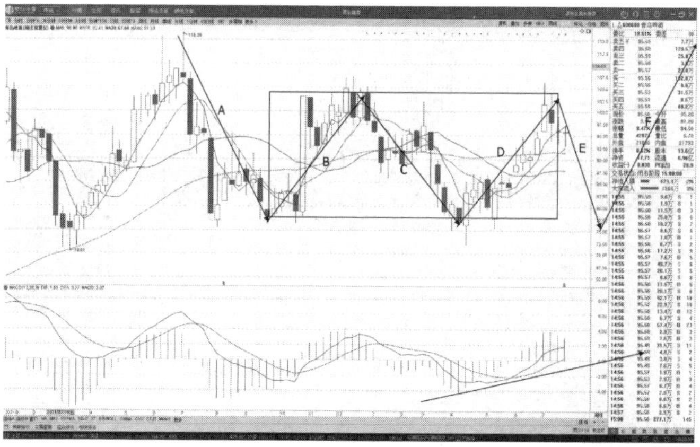

图7–128　青岛啤酒周线中枢构造分析

从周线的走势角度看，中线资金建仓的信号是比较明确的。如图 7-128 所示，B 段、D 段走势的反弹力度较大，构建的 BCD 中枢也比较标准。目前正在 E 段走势的构建之中。随着 E 段走势的逐渐到位，周线的战略性交易机会逐渐成熟。

（9）牧原股份

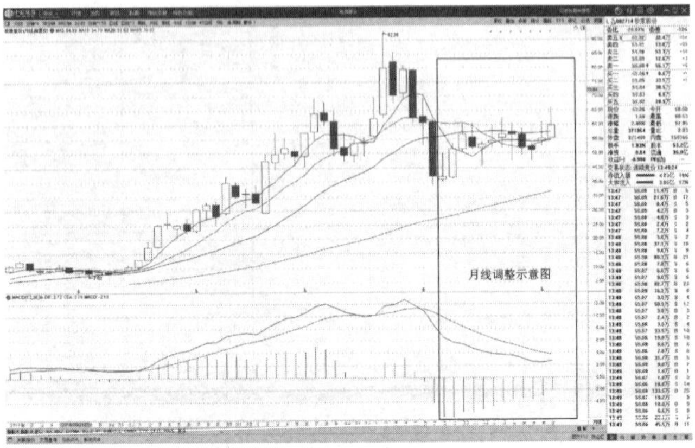

图 7-129　牧原股份月线调整波段分析

牧原股份是畜牧业（养猪）的龙头之一，猪肉作为刚需产品，基本面具有一定的保障。本轮下跌从 92 元跌至 40 元左右，当前反弹至 60 元，月线 MACD 黄白线仍然位于零轴以下，其走势整体上处于底部，真正的行情尚未展开（见图 7-129）。

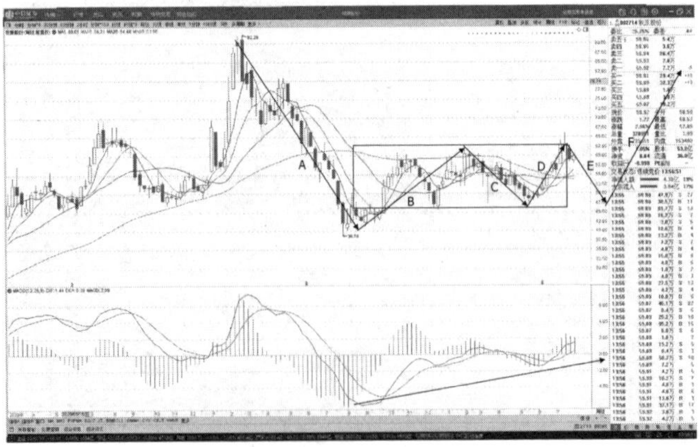

图 7-130　牧原股份周线中枢构造分析

从周线走势看，其已经形成了 BCD 周线中枢，目前处于 E 段走势的构建之中。未来，随着 E 段走势的完成，有望形成 F 段的主升浪行情，临盘需要继续等待（见图 7-130）。E 段走势形成的标准是其内部 120 分钟级别分解走势形成 A-BCD-E 五段走势。

（10）古井贡酒

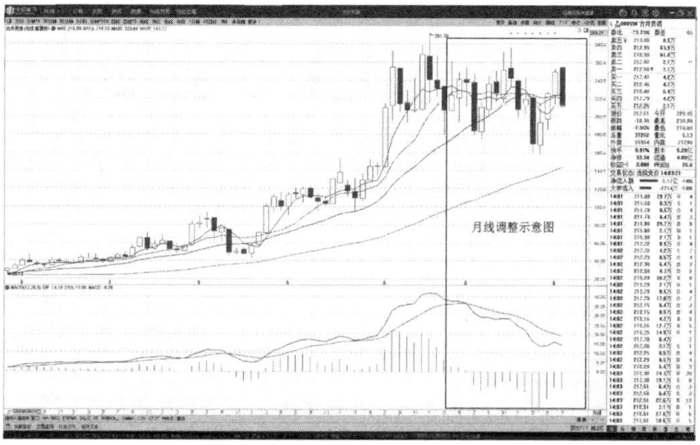

图 7-131　古井贡酒月线调整波段分析

古井贡酒有“酒中牡丹”之称，作为中国八大名酒之一，其股价处于高位盘整之中。从月线看，经过一年多的调整，顶部筹码交换充分，月线 MACD 黄白线穿越零轴，中长期底部显现（见图 7-131）。

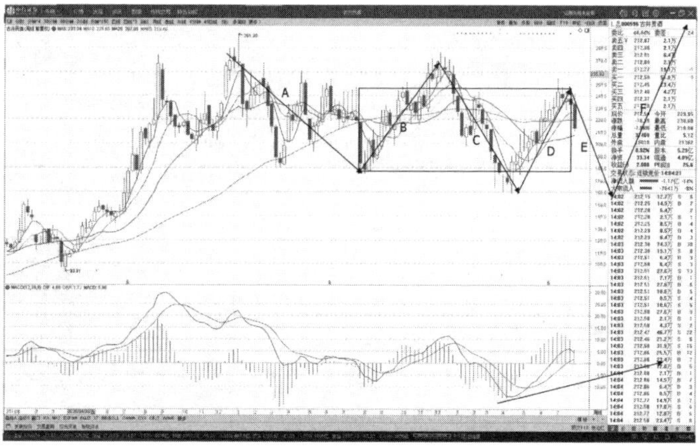

图 7-132　古井贡酒周线中枢构造分析

从周线走势看，已经形成A、B、C、D、E五段走势，其中E段走势正在形成之中，周线中枢BCD构建完毕。随着E段向下离开中枢走势的完成，有望完成中期调整，开启F段主升浪行情（见图7-132）。

（11）泸州老窖

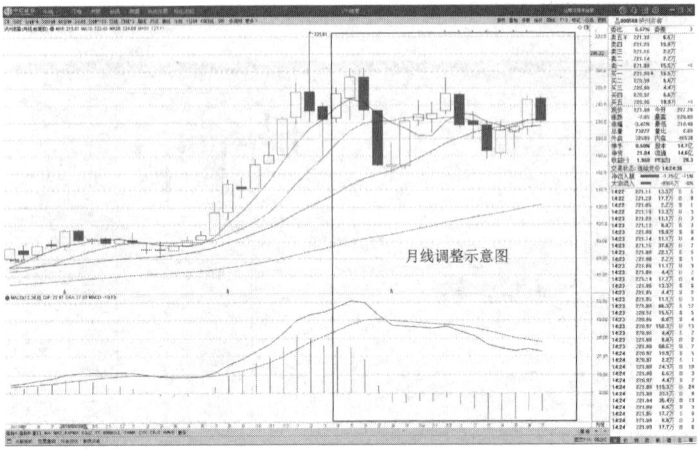

图7-133　泸州老窖月线调整波段分析

泸州老窖作为二线白酒龙头企业之一，其基本面毋庸置疑。从技术层面看，其月线走势经过一年多的调整，已经相对比较充分，战略性交易机会显现（见图7-133）。

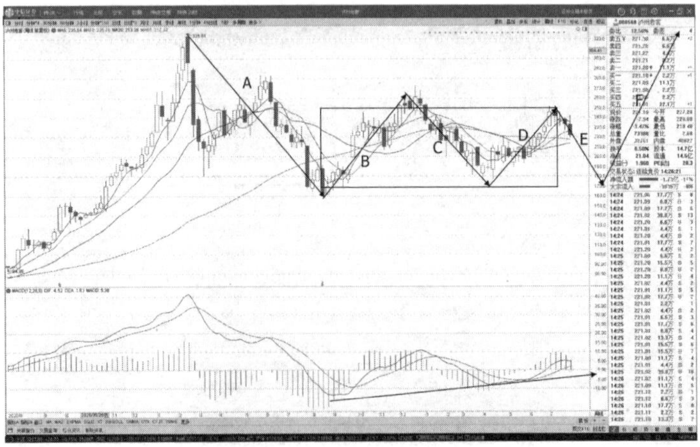

图7-134　古井贡酒周线中枢构造分析

从周线的走势看，已经形成周线中枢BCD，E段走势向下离开此中枢，目前正在形成之中。随着E段走势的完成，主升浪行情F段走势有望展开（见图7–134）。现实走势中，也不排除未来F段走势像E段走势一样，继续调整。但走势终将完美，行情一定会到来，随着技术面的完成，启动的时间不会等太久，毕竟主力资金也有成本。

总的来看，个股走势没有无缘无故的涨，也没有无缘无故的跌，一切都是有迹可循的，一切都遵循量变到质变的规律。走势的变化一定是从小级别开始，小级别走势首先形成中枢，再逐渐扩大到大级别，最后引发走势的质变，结束一轮趋势，并开始新一轮的行情演化，对行情的观察和把握需要牢牢抓住中枢这个核心的要素。

第八章 如何精确进行短线交易

在本交易体系下，短线交易路径非常明确，即根据30分钟或者60分钟级别走势进行交易。5分钟、10分钟、15分钟级别由于走势不稳定，交易频率较高，所以不适合大多数投资者进行交易。考虑到中国股市T+1的交易机制，即当天买入当天不能卖出，股市实际上也不适合60分钟、30分钟级别的交易。日线以下的短线一般适合进行期货交易，因其具有T+0的优势。但有一种情况例外，即在股市中如果有底仓，可以进行T+0的情况下，也可以采用30分钟、60分钟级别进行高抛低吸的操作。

股市短线解析

（1）格力电器 30 分钟级别走势解析

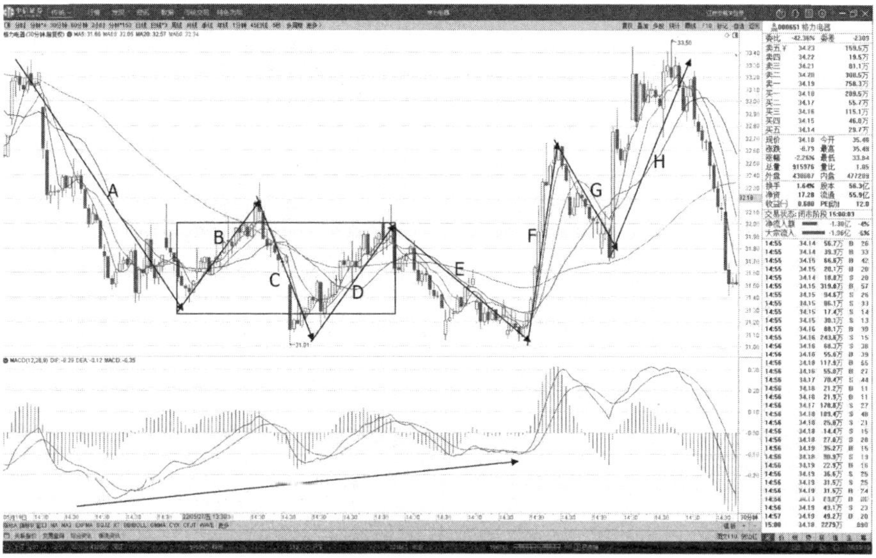

图 8-1　格力电器 30 分钟级别波段走势分析

如图 8-1 所示，从格力电器 30 分钟级别的走势可以看到其底部形成标准的 A、B、C、D、E 五段走势，其中 B、C、D 三段构成了 30 分钟级别的中枢，E 段走势向下离开中枢，形成了显著的底背离走势。所以，从 30 分钟级别的角度看，这里就形成了一个短线的买点。此时为了获得更加精确的买入价格，对 E 段走势内部进行 5 分钟级别的分解。因为这里是复盘，所以采用 5 分钟级别的走势进行说明。在实际交易中，可以采取 4 分钟级别进行分解，两者在大多数情况下发出的交易信号是一致的。

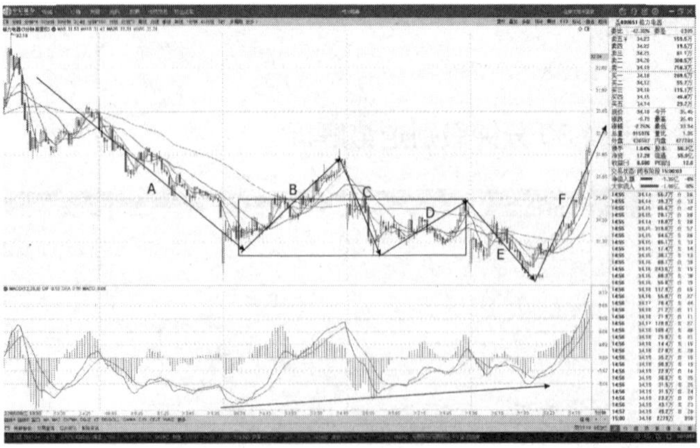

图 8-2　格力电器 30 分钟级别 E 段走势内部 5 分钟级别分解

通过对 30 分钟级别 E 段走势内部进行 5 分钟级别的走势分解，同样可以看到其形成了比较显著的 A、B、C、D、E 五段走势，其中 BCD 构成了 5 分钟级别的中枢，E 段走势向下离开此中枢，随后走势出现了背离，说明 30 分钟级别 E 段走势的调整接近结束，此时可以果断介入。如图 8-2 所示，E 段走势之后形成了 F 段一波上涨走势。通常情况下，只要 F 段走势能够强力突破最近的中枢，并且 F 段走势之后的回调不触及最近的中枢，那么就可以一直持有，直到上方形成新的中枢并出现走势向上离开中枢出现背离的情况。如果一直不能形成中枢，那么会一直上涨，可以一直持有。

图 8-3　格力电器 30 分钟级别上涨走势分析

格力电器30分钟形成买入机会后，其上涨走势比较复杂。如图8-3所示，B段的走势回调触及了前面的30分钟中枢的高点，C段走势反弹相对于A段出现了能量的背离，D段出现了显著的回调。需要引起注意的是，如果将B段认定不是一段有效的回调，则D可以作为第一段有效回调，可以看到其回调幅度也较大，造成MACD黄白线下穿零轴。随后再次出现一波强有力的E段走势。由于E段相对于C段没有出现背离，所以在E段走势，投资者可以继续持有个股，等待回调之后的反弹。F段走势回调触及零轴，同时回调低点触及C段高点。此时，走势形成了30分钟级别的中枢DEF，G段的反弹走势向上离开中枢，并且出现能量背离，形成短线卖出的位置。在一个上涨的过程中，对于特定的级别而言，如果不断出现回调低点触及前高的情况，则说明上涨乏力，抛压较重，资金在外流，后市看空，在这种情况下一定要先退出来。

（2）中国平安30分钟级别走势解析

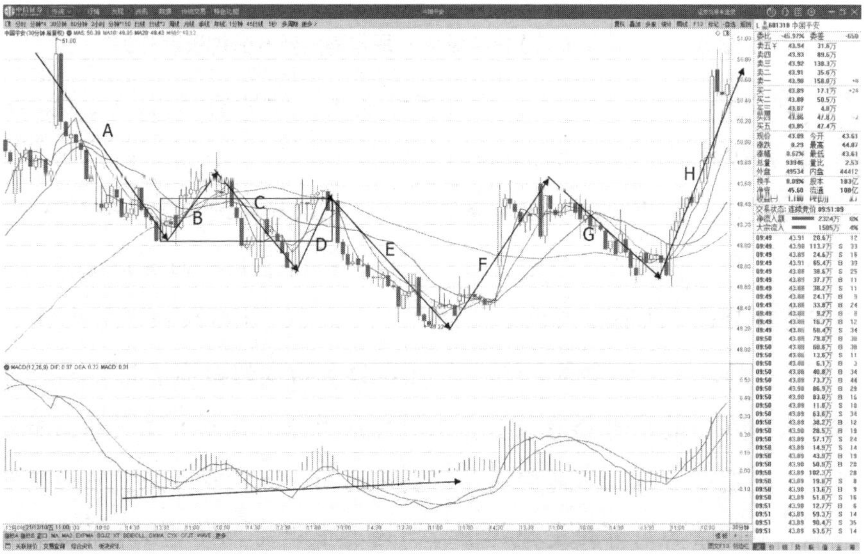

图8-4 中国平安30分钟级别波段走势分析

在一轮小的调整走势中，中国平安30分钟级别的走势形成了A-BCD-E五段，其中BCD为30分钟级别的中枢，E段走势向下离开中枢（见图 8–4），股价创新低，能量出现背离，至此一个标准的五段走势完成了，即具备了交易的基本框架，此时对 E 段走势进行 5 分钟级别的分解。

图 8–5　中国平安 30 分钟级别 E 段走势内部 5 分钟级别分解

30 分钟级别 E 段走势在其内部形成 5 分钟级别的 A、B、C、D、E 五段走势后，为最后的上涨做好了准备。理论上，5 分钟级别的 E 段内部可以用 1 分钟级别进行再分解，这样可以找到理论上的最佳买点。如图 8–5 所示，E 段走势完成后，紧接着出现了 F 段的反弹走势，但未能突破最近的中枢，所以 F 处可以先出来。随后 G 段回调走势形成，G 段对应的能量继续背离（观察其 MACD 黄白线的回调情况），G 点末端再次介入，随后走势迎来了真正的短线上涨。这里 F 段交易细节在现实中要引起重视，不能突破就需要先退出来。但退出来，可以不用着急，要相信其内部的走势构造必然是有中枢的。针对 5 分钟级别的一段走势，其内部 1 分钟中枢是可以期待的，也就是在 F 段的内部会形成 1 分钟级别的 A–BCD–E 五段走势，此时有足够的时间等待盈利再卖出。

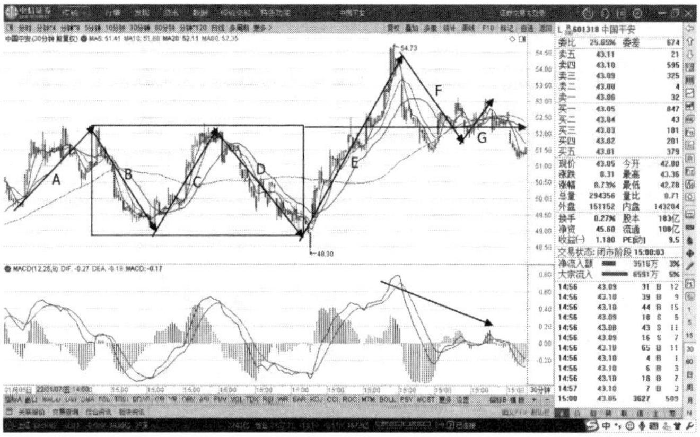

图 8-6　中国平安 30 分钟级别上涨走势分析

30 分钟级别形成买点并出现上涨后，走势的演化非常复杂，但仍然符合走势的规律和交易体系的标准。如图 8-6 所示，走势演化到 B 段时，出现了第一波比较有力的回调，D 段出现了第二波比较有力的回调，此时构建形成了一个 30 分钟级别的中枢。但 E 段走势再次以较大的力度突破，从 MACD 黄白线和柱子看顶背离并不显著，所以当走势进行到 E 段时可以继续持有。此时，走势再度出现 F 段的回调，这次回调的力度也很大，MACD 黄白线大幅度下穿零轴，与此同时 F 段的回调低点触及了 C 段的高点，形成 CDE 中枢，G 段走势向上离开中枢，能量出现背离，此时卖出股票。

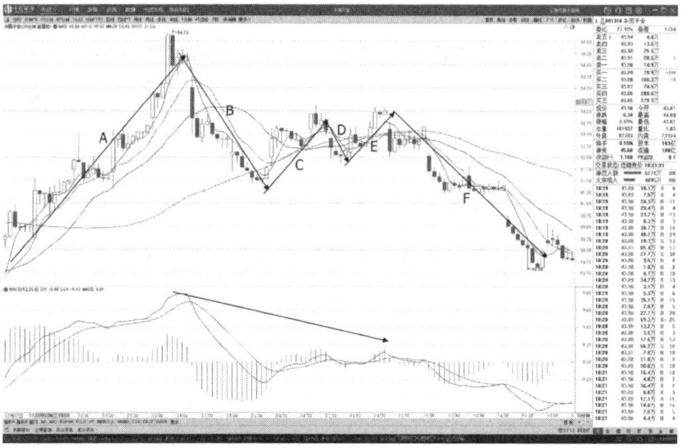

图 8-7　中国平安 30 分钟级别上涨走势后续演化分析

从30分钟级别G段之后的走势中可以看到，即使没有在G段退出，后面还提供了如图8–7所示的E段走势的退出机会，E段走势低点也触及了前高，E段走势是最后的退出机会。

（3）600754锦江酒店30分钟级别走势解析

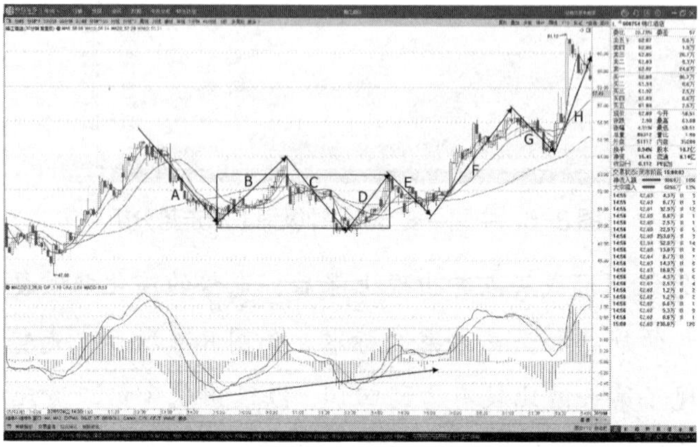

图8–8 锦江酒店30分钟级别波段走势分析

对于30分钟级别的走势而言，市场中的交易机会相对较多。锦江酒店在一波调整中，形成了标准的30分钟级别中枢，E段走势向下离开中枢，能量上出现衰竭（见图8–8）。在能量（背离）和结构（中枢）条件都满足的情况下，E段调整末尾就是一个介入的机会，为了将买点进一步精确化，对E段走势内部进行5分钟级别的分解。

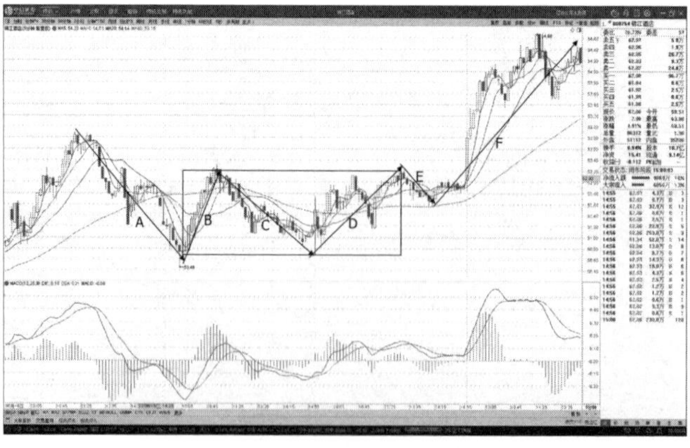

图8–9 锦江酒店30分钟级别E段走势内部5分钟级别分解

锦江酒店30分钟级别E段走势内部5分钟级别的走势也非常标准，在形成A、B、C、D、E五段走势后，出现了F段的主升浪走势（见图8-9）。如果要再精确一步，还可以对5分钟的E段进行1分钟级别的分解。在5分钟E段介入后，30分钟走势迎来了一波有力的上涨，突破了最近的中枢。

图8-10 锦江酒店30分钟级别上涨走势分析

走势强力突破后转变为对上涨走势力度的观察阶段。如图8-10所示，B段回调是第一个观察点，其回调没有触及最近的中枢，而且其离中枢的距离也较大，所以此时可以大胆持有等待第二波回调出现。C段走势比较令人纠结，也较为复杂，似乎是一个顶部。但根据交易模型和体系，在上涨过程中如果连中枢都没有形成，那么无须对走势过多担心。D处的回调力度较大但没有触及A段的高点，此时需要继续持有，等待中枢的酝酿和形成。顶部中枢构造要等到F段之后才形成，G段的走势非常关键，如果G段不能强力突破DEF这个中枢，则需要先退出来。这里G段的走势力度较大，可以继续持有等待新的一波回调。

（4）600745 闻泰科技 60 分钟级别走势解析

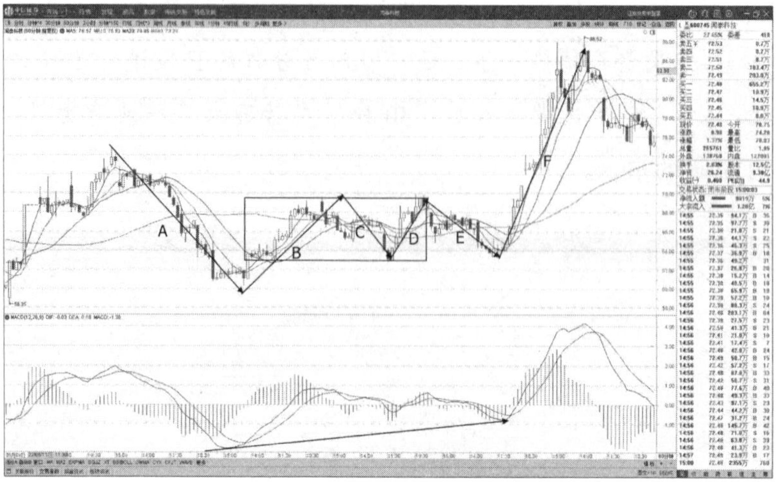

图 8-11　闻泰科技 60 分钟级别波段走势分析

闻泰科技 60 分钟调整走势在形成 A–BCD–E 五段后迎来了 F 段一波强有力的上涨走势。从 A 段调整到 E 段，持续时间为一个月左右，其随后的第一波 F 段涨幅达到了 30%，持续时间为一个星期。这里的走势比较标准：BCD 是 60 分钟级别的中枢，E 段向下离开中枢，能量出现衰减背离，E 段结束就是一个精确的买点（见图 8-11）。

图 8-12　闻泰科技 60 分钟级别 E 段走势内部 8 分钟级别分解

对 60 分钟级别走势内部进行 8 分钟级别的分解，其走势比较复杂（见图 8–12）。B 段走势内部出现了小幅度的突破和回调，C 段走势内部也出现了小回调和小突破，这些小的走势在画线段的过程中可以忽略不计，由此形成 A–BCD–E 结构。可以看到 D 段的反弹触及了 A 段的低点，这意味着一个 8 分钟的中枢 BCD 形成了。所以当走势 E 段向下离开中枢出现能量的背离时就可以介入交易了。介入后，出现 F 段这种走势是最理想的情况，此波段的上涨幅度达到了 30%。后续持有的依据是走势相对于最近中枢的关系，所以这里要继续等待 60 分钟级别的中枢结构的形成。首要的观察是 60 分钟级别 F 段之后的第一波回调，看其是否触及最近的中枢，如果不能触及，则要持有，直到 60 分钟级别中枢的形成。如果第一波回调比较有力，则需要继续观察其反弹的走势力度。

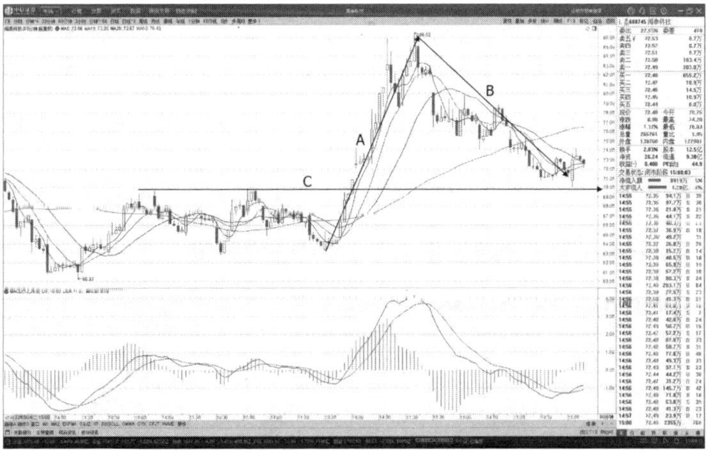

图 8–13 闻泰科技 60 分钟级别上涨走势分析

介入后的走势比较复杂，尤其是第一波回调幅度相对比较大，接近触及最近的中枢，这对持股的投资者而言是一个比较大的考验。虽然回调吞噬了很大的一部分利润，但作为交易者，还是需要继续根据交易体系和交易原则持有。对于未来走势的交易策略也非常明确：如果 B 段后面的走势不能强力突破最近的中枢，意味着走势到此就已经接近短期上涨的末尾了（见图 8–13）。

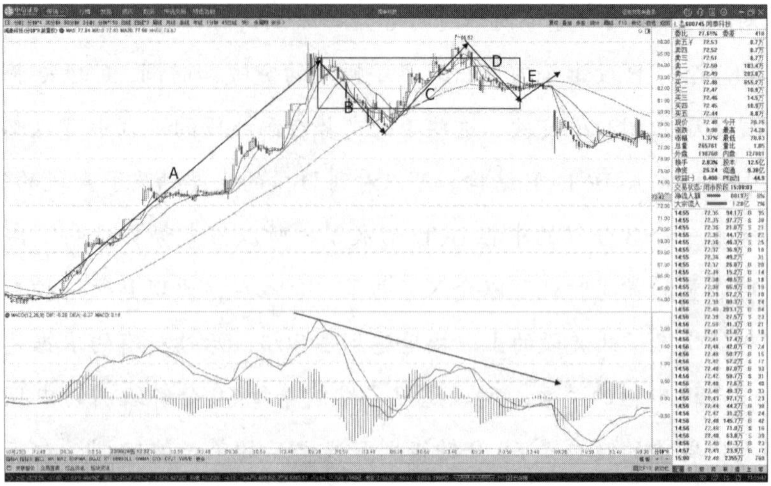

图 8-14　闻泰科技 60 分钟级别上涨走势 A 段内部 8 分钟级别分解

对 60 分钟级别 A 段上涨波段的内部走势进行 8 分钟级别的分解，可见其内部也是符合交易模型要求的。走势形成标准的 A、B、C、D、E 五段后，紧接着开始了大幅度的调整（见图 8-14）。A 段走势内部虽然有几波回调，但调整力度比较弱，一直没有形成中枢，这种力度较小的调整情况在现实中可以忽略不计。

（5）002507 涪陵榨菜 60 分钟级别走势解析

图 8-15　涪陵榨菜 60 分钟级别波段走势分析

涪陵榨菜在一波下跌中形成60分钟级别的交易机会。B段走势内部稍显复杂，对于这种MACD黄白线触及零轴后小幅回调后再度小幅突破的走势，可以当作只有一段上涨。BCD构成60分钟级别的中枢，E段走势向下离开中枢，能量出现显著衰减，E段走势末端就是本轮调整的介入机会（见图8-15）。

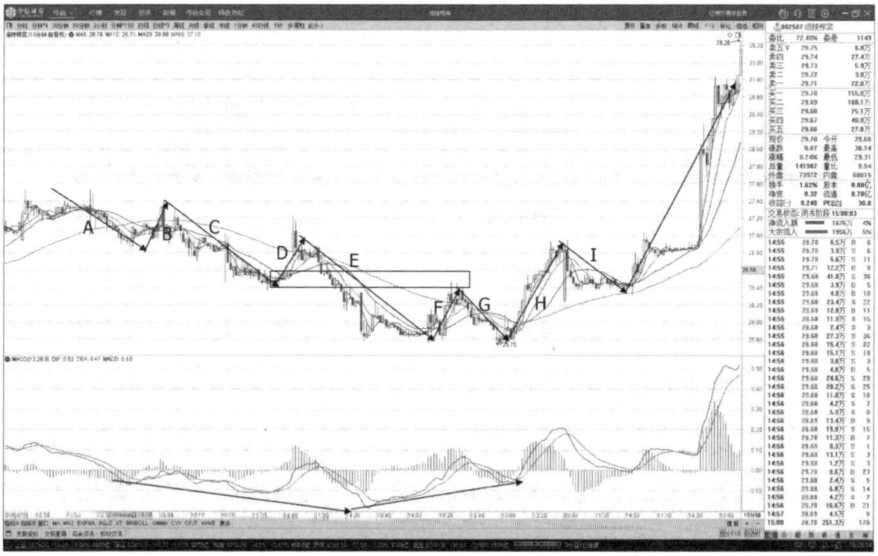

图8-16 涪陵榨菜60分钟级别E段走势内部10分钟级别分解

对60分钟级别走势E段进行10分钟级别的分解，DEF形成10分钟级别中枢，如图8-16所示，G段走势向下离开中枢DEF，走势出现背离，所以G段为本轮60分钟级别调整的买点，随后出现了H段突破中枢的走势。这里BCD也形成了中枢，但E段的下跌能量仍然较大，观察E段下方对应MACD黄白线，柱子高度和黄白线离开零轴的距离都较大，相对于A段并没有出现背离，E段不能介入。

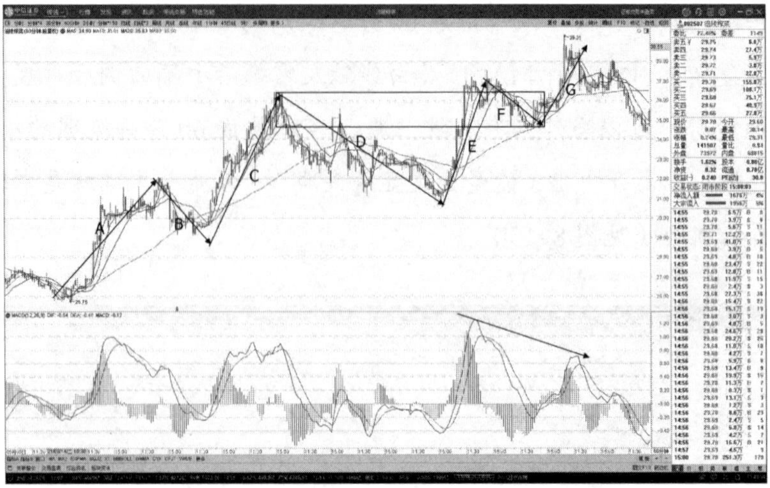

图 8-17　涪陵榨菜 60 分钟级别上涨走势分析

走势形成突破后，首先看其第一波回调走势 B，没有触及最近中枢，走势暂时安全。当走势进行到 D 段时触及了 A 段的高点，此时需要引起投资者重视，E 段的反弹走势非常关键。如图 8-17 所示，这里 E 段的反弹力度非常大，需要继续等待新一波的回调 F 段的走势。F 段走势触及 C 段高点，形成了新的 DEF 中枢，同时 G 段的上涨突破此中枢，但出现了能量的背离（MACD 黄白线回收明显），G 点就是卖出的时机。

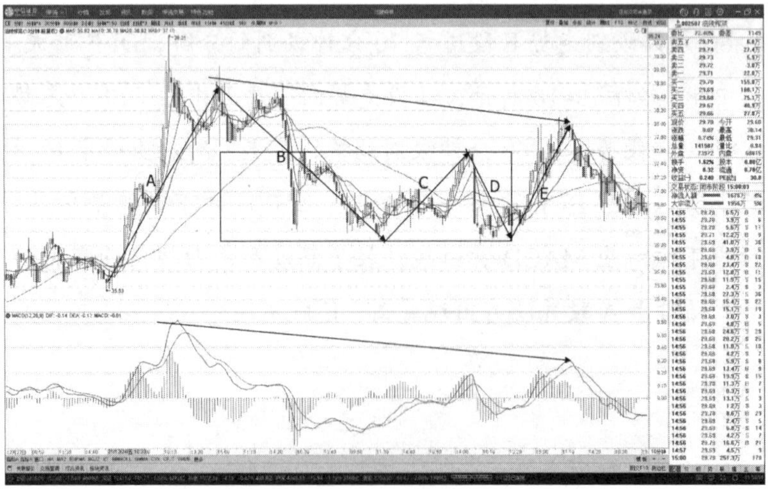

图 8-18　涪陵榨菜 60 分钟级别上涨走势 G 段 10 分钟级别分解

对60分钟上涨波段中的G段走势进行10分钟级别的分解（见图8-18），可以看到A段上涨走势较为有力，而B段的回调幅度较大，但没有触及最近中枢，此时继续等待BCD中枢的形成，在E段反弹卖出。

（6）600763通策医疗60分钟级别走势解析

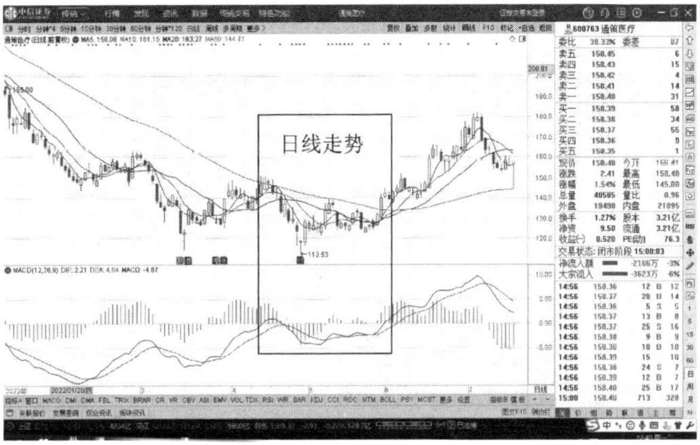

图8-19　通策医疗日线波段调整示意

通策医疗经过一段时间的下跌后，日线出现第一波反弹，随后继续下跌，形成图8-19所示的走势。这里通策医疗60分钟级别底部行情其实是日线行情中的最后一跌，所以，站在更大的级别角度看，这是一个日线的介入机会。这里仅说明60分钟级别的走势情况。

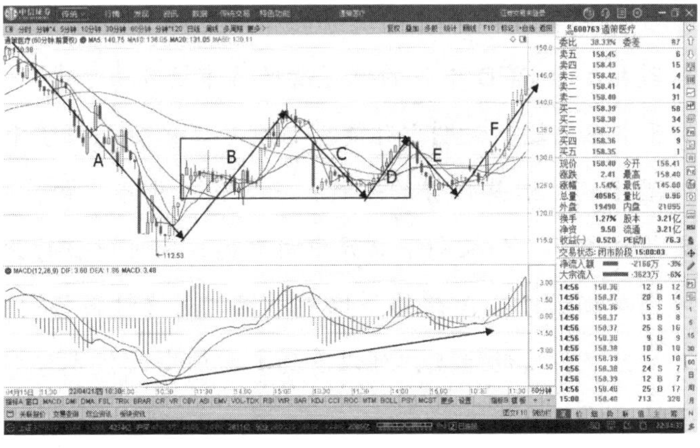

图8-20　通策医疗60分钟波段调整分析

从通策医疗60分钟级别走势可以看到，其形成了标准的A–BCD–E五段走势（见图8–20）。其中BCD为60分钟级别的中枢，E段走势向下离开中枢，下跌的能量显著缩小，所以E段走势末端就是60分钟级别行情的介入位置，继续对60分钟E段走势进行8分钟级别的分解，以找到更加精确的买点。

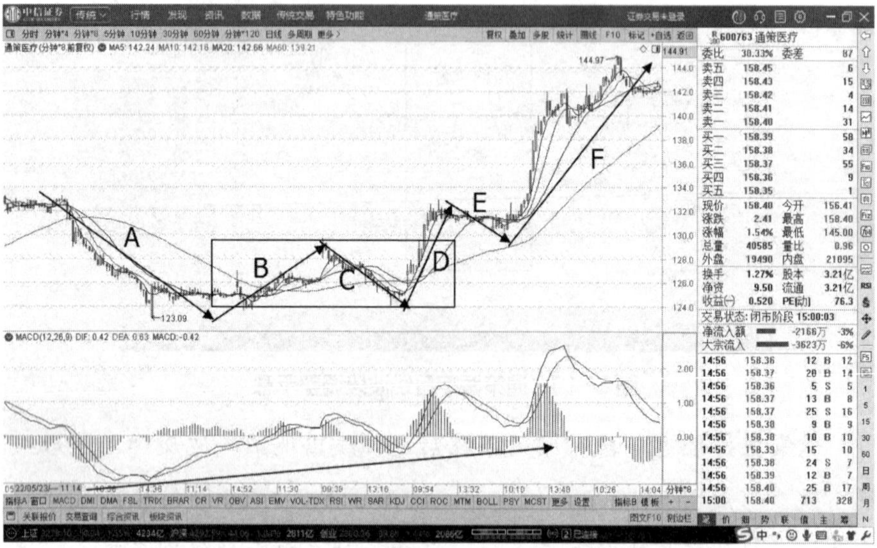

图8–21　通策医疗60分钟级别E段走势内部8分钟级别分解

如图8–21所示，从8分钟级别的走势看，由于走势非常强势，E段的走势处于较高的位置，这种情况的出现也很正常。一般情况下，可以根据E段相对于BCD中枢的位置情况将市场分为三类：一是如果E段向下离开中枢太远，说明整体走势较弱；二是如果位于中枢之上，就像这里所显示的，则是强势的一种；三是位于中枢之内，则力度中等。站在交易的角度，如果向下离开中枢太远，则可以暂时放弃交易，等待进一步突破回调。最理想的是位于中枢之上这种强势的情况，已经非常接近主升浪行情的时点，可以看到本案例中E段走势形成之后，随即出现了强势的上涨行情。

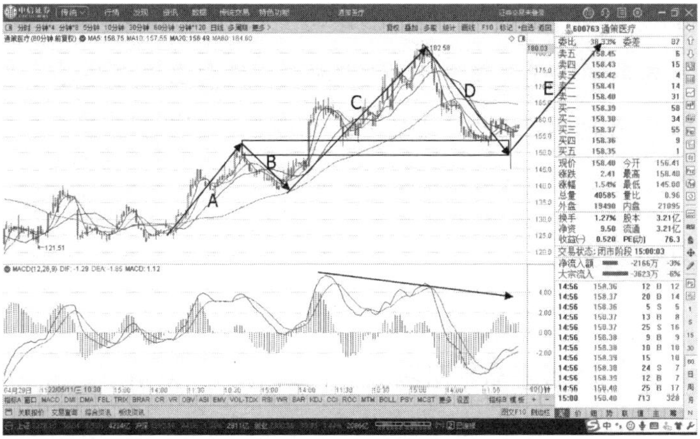

图 8-22　通策医疗 60 分钟级别走势上涨分析

根据 8 分钟分解精确介入后，走势随即迎来 A 段的一波走势，并较有力地突破了最近的 60 分钟中枢，60 分钟的行情形成。如图 8-22 所示，B 段的调整没有回到中枢，说明走势依然处于较为强势的状态。C 段走势继续上涨，虽然 C 段内部比较复杂，走势有反复，但从对应的 MACD 黄白线看，其一直运行在高位，没有出现回抽触及零轴的情况，所以 C 段可以继续持有。D 段走势的调整非常有力，并且触及了 A 段的高点，意味着 60 分钟级别的中枢已经形成，所以 E 段走势就是此轮 60 分钟级别行情的卖点。

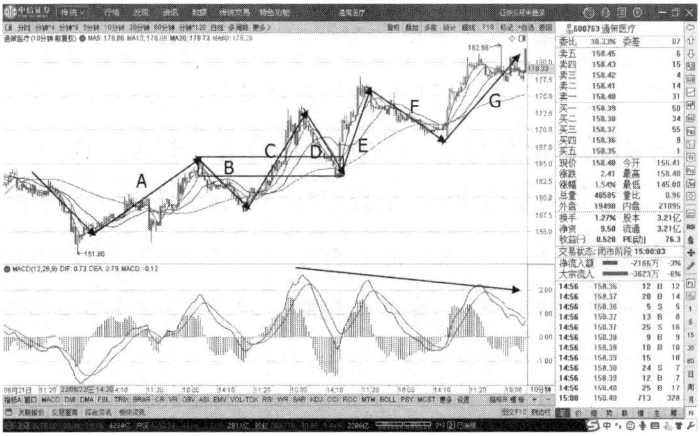

图 8-23　通策医疗 60 分钟级别 C 段走势 10 分钟级别分解

对 60 分钟级别 C 段走势进行 10 分钟级别的分解（见图 8-23），可以看到其内部形成了显著的 BCD 中枢，E 段向上离开中枢，形成了背离，所以 E 段走势末尾就是本轮 60 分钟行情的精确卖点。

期货短线解析

（1）豆粕 15 分钟级别交易

图 8-24　豆粕 15 分钟上涨级别走势分析

如图 8-24 所示，豆粕 15 分钟级别的走势，其短线交易的原理与中长线是一致的。走势形成 15 分钟级别的 A、B、C、D、E 五段，其中 BCD 为 15 分钟级别的中枢，E 段走势向上离开中枢，能量出现背离，E 段走势走完就是短线介入的点。对于 E 段走势可以进行 3 分钟级别的分解，也可以简单地用 K 线进行判断，即 30 分钟出现顶分型作为调整结束的标准。

图 8-25 豆粕 15 分钟级别下跌走势分析

走势 A 出现第一波下跌，跌破了前面的 15 分钟中枢，此时应该继续等待反弹走势的出现，看其反弹能否触及前面低点，如果反弹触及前面低点，则在回调之后退出，如果不能触及前面低点，则等待下跌中枢的形成。图 8-25 中反弹 B 段不能触及前面的高点，所以，继续等待中枢的形成。第二段反弹，D 段继续向上，D 段走势形成后，构建了中枢 BCD，这说明走势相对比较强势。随后 E 段走势进一步下跌，此时 E 段走势与 A 段走势相比形成了一定程度上的背离，说明走势反弹在即，空单要先退出来，完成 15 分钟级别的交易。

（2）甲醇 15 分钟交易级别

图 8-26 甲醇 15 分钟上涨级别走势分析

甲醇在一轮下跌的走势中，出现如图 8–26 所示的 15 分钟级别反弹，形成了 A、B、C、D、E 五段走势，可以看到每一波走势反弹的力度越来越小。随着 BCD 中枢的形成，E 段向上离开中枢，能量出现显著的背离，所以 E 点末端（简单以对应 30 分钟形成顶分型作为标准）就是短线介入的机会。E 点介入后，走势出现了一波 F 段的下跌，说明介入非常成功，此时可以耐心等待下跌 15 分钟中枢形成后再进行平仓。

图 8–27　甲醇 15 分钟下跌走势分析

介入成功后，走势形成一波下跌，B 处出现了第一波的反弹走势（见图 8–27），力度比较大，BCD 构成了 15 分钟级别的中枢。E 段以一波有力的下跌向下离开中枢，没有形成背离，此时可以继续持有。F 段反弹触及 C 段低点，随后 G 段再度出现一波有力的下跌，但形成的背离不是非常显著，此时可以继续一直持有，直到向下离开中枢的走势段出现显著背离。

（3）铁矿石 15 分钟交易级别

图 8-28　铁矿石 15 分钟级别走势分析

铁矿石在 15 分钟级别的一波小反弹走势中，形成了 A、B、C、D、E 五段走势，其中，BCD 为中枢。这里 B 段调整对应的 MACD 黄白线未能回抽零轴，所以调整不是非常充分。通常情况下，走势调整时，将其对应的 MACD 黄白线回抽零轴作为判断调整是否充分的依据。此处当作一段走势，在实践中不影响交易。如图 8-28 所示，D 段回调走势非常有力，使得其对应的 MACD 黄白线回抽零轴。D 段回调对应的两个指标很重要：一是 MACD 黄白线触及了零轴，二是 D 段回调的低点触及了 A 段的高点，这说明新的中枢 BCD 形成了。E 段的反弹再次不能突破，说明行情上涨的力度越来越小，此时在 E 段末端建立空单。这里 E 段末端的认定可以简单地以 30 分钟的顶分型为标志。从这里走势的演化可以看到，一个见顶的信号是由一系列小信号组成的，是一个量变到质变的过程。从中枢的形成到反弹的无力，多头至少经过了三次尝试，最终确立下跌的走势。

图 8-29　铁矿石 15 分钟级别第一波下跌走势 3 分钟分解

15 分钟介入后第一个观察的指标是小级别是否形成了中枢。对应于 15 分钟级别的小级别可以首先观察 3 分钟级别的走势。在 3 分钟级别走势中，B 段的反弹不能触及前面最近的 3 分钟中枢的低点，这里的反弹力度较小，空单可以继续持有。D 段再一次形成了有效的反弹（MACD 黄白线上穿零轴，价格触及 A 段的低点）。此时，一个标准的中枢 BCD 形成了，E 段走势向下离开中枢，能量出现衰竭，15 分钟短线行情结束（见图 8-29）。

图 8-30　铁矿石 15 分钟级别下跌走势

由于A段的15分钟下跌走势大大跌破了前面最近的中枢，所以，此时可以等待下跌过程中形成新的15分钟中枢，即B、C、D三段走势的出现。E段之后形成的反弹走势能量出现极度萎缩，意味着一个新的15分钟做空机会的成熟，即由B-CDE-F五段走势构建的一个做空机会，F段走势向上离开，能量出现衰竭，最后继续形成G段的下跌走势（见图8-30）。

（4）玻璃15分钟交易级别

图8-31　玻璃15分钟调整走势分析

图8-31中玻璃15分钟级别的走势，经过一段时间的下跌，形成了A-BCD-E五段，BCD为15分钟级别的中枢，E段走势向下离开中枢，与A段相比，能量出现背离（MACD黄白线），所以这里出现了15分钟级别做多的交易机会。对E段走势内部进行2分钟级别的分解以精确定位买点。

图 8-32　玻璃 15 分钟调整 E 段走势内部 2 分钟级别分解

对 15 分钟级别走势 E 段进行 2 分钟级别的分解（见图 8-32），走势形成了 A、B、C、D、E 五段，E 段向下离开中枢，出现能量的背离，E 段末端就是一个精确的买点。这里 15 分钟级别走势以 8 的倍数分解，所以用 2 分钟级别。由于 2 分钟级别稳定性欠佳，所以在实际交易中，这种级别使用得较少，这里仅作为复盘总结用。介入后，可以看到出现了 F 段上涨走势，此时需要等待次级别反弹的走势再决定是否平仓。

（5）沥青 30 分钟交易级别

图 8-33　沥青 30 分钟级别走势分析

如图 8–33 所示，沥青在经过一轮下跌行情后，形成了 A–BCD–E 结构，E 段走势向下离开 BCD 中枢，能量出现显著的衰减，所以 E 段末尾就是一个 30 分钟级别短线的介入机会。整个筑底过程实际上包含了三次探底（A、C、E）+ 两次有效反弹（B、D），底部构建过程充分有效。为了定位精确的买点，对 E 段走势内部进行 5 分钟级别的分解。

图 8–34　沥青 30 分钟级别 E 段走势内部 5 分钟级别分解

如图 8–34 所示，30 分钟级别 E 段走势内部 5 分钟级别分解也形成了标准的 A–BCD–E 五段，E 段走势完成后，形成了精确的买入机会。随后走势形成了一波有效反弹，快速突破最近的中枢，标志着介入的成功。

图 8–35　沥青 30 分钟级别反弹走势分析

如图 8-35 所示，30 分级别介入后出现了一波反弹走势，但其走势不能一鼓作气突破最近中枢，意味着回调走势的出现将不可避免。为了找到精确的平仓位置，对 30 分钟 C 段走势内部进行 5 分钟级别的分解。

图 8-36 沥青 30 分钟级别反弹走势 C 段内部 5 分钟级别分解

如图 8-36 所示，对 30 分钟级别中的 C 段进行 5 分钟级别的分解可以看到，5 分钟级别的 E 段走势出现了能量衰减，此时意味着在 30 分钟级别的反弹走势已经完成的情况下，30 分钟级别的走势不能有效突破最近的中枢，在 5 分钟级别的 E 段进行平仓，完成一轮 30 分钟级别的交易。

（6）纯碱 30 分钟交易级别

图 8-37 纯碱 30 分钟级别走势分析

如图 8–37 所示，在纯碱一波下跌的走势中，首先形成了第一波 B 段的有效反弹走势，随后继续震荡下跌形成 C 段走势。C 段持续的时间比较长，最后形成有效反弹走势 D 段，D 段反弹触及 A 段回调的低点，证明其反弹有效，此时继续等待 E 段走势的出现。在实际交易中，需要等到 E 段内部至少形成 5 分钟级别的 A–BCD–E 五段走势才能证明 30 分钟一波回调的暂时结束。

图 8–38　纯碱 30 分钟级别 E 段走势 5 分钟级别分解

如图 8–38 所示，对 30 分钟级别走势的 E 段进行 5 分钟级别的分解，这一阶段走势看似不是非常标准，但实际上最终走出来的走势仍然与前述的分析模式基本一致。A 段一波 5 分钟的下跌比较有力，B 段反弹之后，C 段、E 段的回调都比较强势，其表现是对应的 MACD 黄白线一直位于零轴上方，BCD 为对应的 5 分钟级别中枢。E 段走势向下离开中枢，能量衰竭，E 段为此轮 30 分钟级别行情的精确介入位置，随后出现了 F 段有力反弹走势。

图 8-39　纯碱 30 分钟级别反弹走势

介入后走势出现了 A 段一波强有力的反弹走势，这是最理想的一种情况。突破的力度越大，其回调触及最近中枢的可能性就越小，意味着其要在上方单独形成一个 30 分钟级别的中枢，说明后续持有的时间会大大增加，即必须等到一个 30 分钟级别新的中枢出现，这成为实际交易中大胆持有的依据，走势出现 B 段的强力回调后，C 段再度出现反弹走势，C 段内部有一波小回调触及 A 段高点。D 处回调力度较大，E 处为此波走势的平仓位置。E 段的判断基于一系列的见顶信号：D 段回调有力、C 段的内部回调、E 段的背离式上涨。从标准的中枢构造角度看，F 段向下离开 CDE 中枢，G 段反弹不能突破中枢，G 段是平仓位置。

总而言之，根据笔者的交易实践和试验，5 分钟、10 分钟、15 分钟级别的交易难度较大，30 分钟、60 分钟、日线是相对可以操作的短线周期，尤其是 60 分钟、日线就具有了较大的实践意义。不管是短线还是长线，交易模式是一致的，所有的交易都围绕中枢进行。

后 记

当做完本书的案例分析后，一个个走势仍然印在我的脑海里。走势像我们的生命一样，每天都在延伸。每个走势有自己的生命周期，播种、生根、发芽、开花、结果，往复循环，我们只需在成熟的时候去采摘。

走势的背后是一个个鲜活的投资者，其代表的是众多投资者心理预期的合力，更精妙的是“一鼓作气，再而衰，三而竭”（出自春秋左丘明《左传·庄公十年·曹刿论战》）的古语展示的心理轨迹与以中枢为核心的走势结构完美契合。

从交易的角度看，把握节奏的前提是认识走势的规律。只有认知上合乎了走势的规律，才能把握交易的时机与节奏。当我们把握了正确的节奏时，才能不断地盈利。相反，如果不能把握正确的节奏，亏损也是必然的。

基本面保障是技术面走强的前提。作为技术交易投资者，必须承认股票的内在价值是技术层面走强的前提，并不是相同的技术条件都能走出相同的行情，差异便在于基本面。

走势是有宿命的，其宿命取决于结构与能量。走势代表了资金对所有能对走势产生影响的市场信息的反馈情况。走势以中枢为基本结构，以背后的能量为支撑。走势的历史、现实相互影响，造就走势的未来。

行情发展遵循由量变到质变的规律。

没有无缘无故的涨，也没有无缘无故的跌。行情的变化总是从小级别开始，逐渐传递到大级别，这是我们观察走势和买卖持有的唯一依据。

交易决策取决于当下的市场信息。走势是当下的，行情每时每刻都在发生着变化。每一步的交易决策都是基于前面走势力度和结构的分析，交易只与最近的中枢有关，没有结合中枢结构的交易决策是不被允许的。

交易要跟上主力资金的节奏。主力资金的动向是我们交易的重要参考依据，其动向的外在表现便是中枢结构与量能。从周线级别的走势可以洞悉主力资金的运作情况及中长线的趋势。

最后，交易者的品格是交易过程不可或缺的部分。格局、耐心、果断、冷静等品格需要与走势无缝融合，做到人势合一。